KATIA BRUGINSKI MULIK

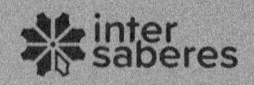

**inter
saberes**

SÉRIE INTERCÂMBIOS LINGUÍSTICOS

Educação intercultural no ensino de línguas:

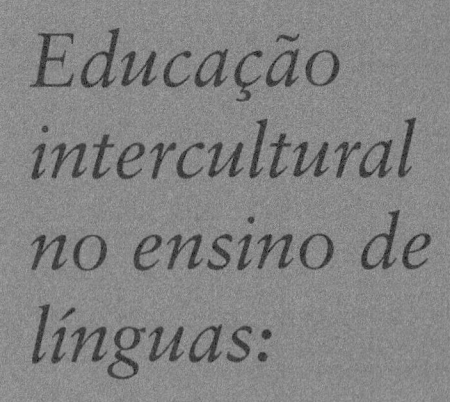

conceitos e práticas

intersaberes

Rua Clara Vendramin, 58 • Mossunguê • CEP 81200-170 • Curitiba • PR • Brasil
Fone: (41) 2106-4170 • www.intersaberes.com • editora@intersaberes.com

---

Dr. Alexandre Coutinho Pagliarini;
Dr.ª Elena Godoy; Dr. Neri dos Santos;
M.ª Maria Lúcia Prado Sabatella •
conselho editorial

Lindsay Azambuja • editora-chefe

Ariadne Nunes Wenger • gerente editorial

Daniela Viroli Pereira Pinto •
assistente editorial

Luciana Francisco • prepaparação de originais

Caroline Rabelo Gomes; Letra & Língua Ltda. -
ME; Palavra do Editor • edição de texto

Luana Machado Amaro • design de capa

ivosar/Shutterstock • imagem de capa

Raphael Bernadelli • projeto gráfico

Muse design • diagramação

Luana Machado Amaro; Silvio Gabriel
Spannenberg • equipe de design

Regina Claudia Cruz Prestes; Sandra Lopis
da Silveira • iconografia

Dados Internacionais de Catalogação na Publicação (CIP)
(Câmara Brasileira do Livro, SP, Brasil)

Mulik, Katia Bruginski
  Educação intercultural no ensino de línguas : conceitos e práticas / Katia Bruginski Mulik. -- Curitiba : Editora Intersaberes, 2023. -- (Série intercâmbios linguísticos)

  Bibliografia.
  ISBN 978-85-227-0392-0

  1. Educação multicultural 2. Língua e linguagem - Estudo e ensino 3. Multiculturalismo 4. Professores - Formação I. Título. II. Série.

22-140594   CDD-407

Índices para catálogo sistemático:

1. Educação intercultural : Línguas e linguagem : Estudo e ensino 407

Cibele Maria Dias - Bibliotecária - CRB-8/9427

1ª edição, 2023.

Foi feito o depósito legal.

Informamos que é de inteira responsabilidade da autora a emissão de conceitos.

Nenhuma parte desta publicação poderá ser reproduzida por qualquer meio ou forma sem a prévia autorização da Editora InterSaberes.

A violação dos direitos autorais é crime estabelecido na Lei n. 9.610/1998 e punido pelo art. 184 do Código Penal.

sumário

apresentação, xi

organização didático-pedagógica, xvi

um Relações entre língua, linguagem e cultura, 19
dois Interculturalidade e competência intercultural no ensino de línguas, 65
três Dimensões interculturais e interpretativas e os materiais didáticos no ensino de línguas, 93
quatro Cultura e relações interculturais no ensino e na aprendizagem de línguas, 139
cinco Identidade e pluralismo cultural e linguístico, 169
seis A sala de aula como espaço intercultural e a formação de professores, 193

considerações finais, 223

referências, 225

bibliografia comentada, 241

respostas, 245

sobre a autora, 247

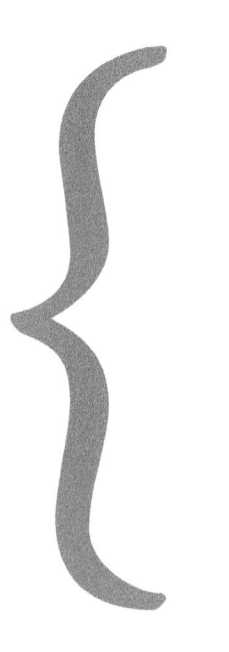

{

*Para aqueles que constituem minha história pessoal
e profissional neste mundo: meus professores!*

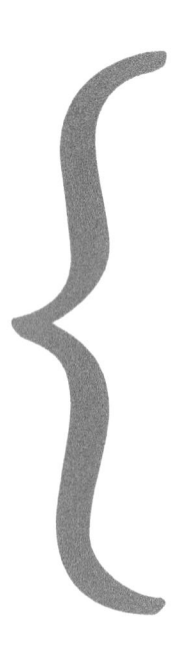

{

"Eu amava aqueles livros britânicos e americanos. Eles despertaram minha imaginação. Abriram mundos novos para mim, mas a consequência não prevista foi que eu não sabia que pessoas iguais a mim podiam existir na literatura.

O que a descoberta de escritores africanos fez por mim foi isto: salvou-me de ter uma história única sobre o que são os livros. [...]

A consequência da história única é esta: ela rouba a dignidade das pessoas.

Torna difícil o reconhecimento da nossa humanidade em comum. Enfatiza como somos diferentes, e não como somos parecidos."

(Adichie, 2009)

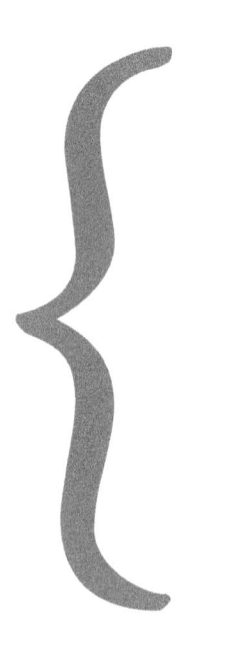

{

apresentação

O MUNDO ESTÁ em constante transformação. Os fluxos de saberes, as pessoas, as culturas, as formas de se comunicar e de viver permeiam as relações humanas e nos convidam a conhecer novas perspectivas de pensar a vida e a realidade. Nessa mesma toada, os meios pelos quais construímos conhecimento e nos relacionamos com a linguagem têm sido afetados pelas tecnologias digitais, que se fazem cada vez mais presentes e possibilitam outras maneiras de organizar a vida social, o trabalho e a educação.

Diante desse cenário, somos atravessados pelo convívio com outras culturas, seja pela aproximação que as tecnologias digitais viabilizam, seja pelos intercâmbios ocorridos entre sujeitos que procuram oportunidades de trabalho e estudo ou que, sem escolha, refugiaram-se em outro país. Assim, entendemos ser necessário, cada vez mais, pensar e problematizar essas relações no contexto educacional, ambiente no qual muitos desses sujeitos convivem, pois a educação é o caminho para a formação de cidadãos reflexivos, críticos e engajados na construção de um mundo que respeite as diferenças.

O objetivo desta obra é apresentar, de maneira introdutória e didática, aspectos relacionados ao trabalho intercultural em sala de aula. Trata-se de uma abordagem introdutória porque muitos termos e conceitos trabalhados requerem maior aprofundamento, uma vez que podem ser estudados e compreendidos de diferentes formas, a depender da área de conhecimento a que estão vinculados. Esta obra permite que os profissionais de Letras e de Pedagogia e os professores de línguas na educação básica tomem conhecimento das discussões mais recentes relacionadas à interculturalidade em sala de aula, podendo aproveitar esse conhecimento para problematizar suas ações pedagógicas, seja na área de formação inicial e continuada, seja nas práticas em sala de aula. Em vários pontos deste texto, você será convidado a refletir sobre alguns aspectos examinados e perceberá que muitas perguntas não serão respondidas. Com esses questionamentos, o intuito é lançar algumas provocações, partindo-se do pressuposto de que as respostas são múltiplas e localmente situadas, ou seja, não é possível ter uma visão única sobre determinados aspectos. A proposição desses questionamentos também visa promover o exercício crítico e reflexivo, que é considerado essencial na educação de professores.

O livro é organizado em seis capítulos, que apresentam conceituações importantes para a formação intercultural e crítica de professores, bem como propostas e atividades didáticas que podem ser utilizadas ou adaptadas para o contexto do ensino de línguas.

No Capítulo 1, apresentamos os conceitos de língua, linguagem e cultura. Com base na discussão desses conceitos, que permeiam os estudos sobre cultura e língua, é possível apontar suas inter-relações no que tange ao desenvolvimento de práticas pedagógicas e às formas de olhar para a interculturalidade.

Já no Capítulo 2, discutimos algumas problematizações referentes aos conceitos de competência intercultural, interculturalidade e interculturalidade crítica e o enfoque dos documentos oficiais de ensino. Buscamos tecer alguns diálogos sobre como esses conceitos permeiam as discussões educacionais recentes.

Por sua vez, no Capítulo 3, tratamos da questão dos materiais e livros didáticos e do papel do professor diante da análise desses materiais. Abordamos, também, como as perspectivas críticas de ensino podem subsidiar uma educação intercultural engajada.

Para o Capítulo 4, nossa proposta é a discussão dos conceitos de estereótipo e modelo cultural, analisando as visões de conflitos e choques culturais para pensar o papel pedagógico nesses aspectos.

No Capítulo 5, enfocamos a discussão sobre identidade cultural, representações sociais e pluralismo linguístico e cultural. Com base na discussão desses conceitos, examinamos a prática docente pensando em possibilidades pedagógicas que contemplem essas questões.

Por fim, no Capítulo 6, enfatizamos a sala de aula como espaço intercultural e a formação docente no cenário global, problematizando o *status* do inglês como língua franca e as formas de promover rupturas em lógicas hegemônicas e colonizadoras de ensino.

Esperamos que os conteúdos desenvolvidos nesta obra sejam de grande valia para sua formação profissional, possibilitando a ampliação do olhar sobre a diversidade multicultural e linguística existente em nossa sociedade e a promoção de uma educação intercultural crítica e engajada.

Boa leitura!

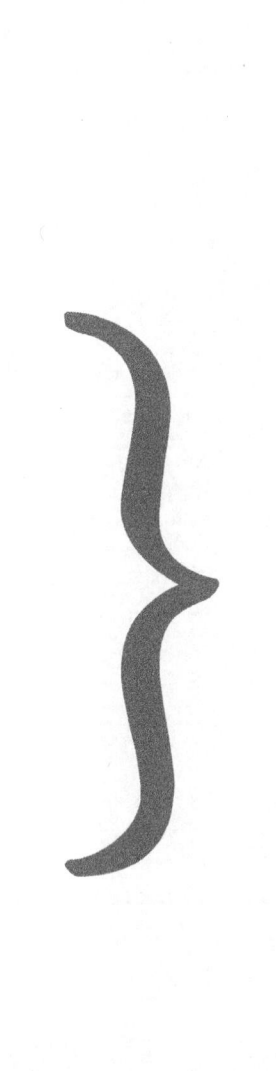

}

organização didático-pedagógica

Empregamos nesta obra recursos que visam enriquecer seu aprendizado, facilitar a compreensão dos conteúdos e tornar a leitura mais dinâmica. Conheça a seguir cada uma dessas ferramentas e saiba como estão distribuídas no decorrer deste livro para bem aproveitá-las.

Logo na abertura do capítulo, informamos os temas de estudo e os objetivos de aprendizagem que serão nele abrangidos, fazendo considerações preliminares sobre as temáticas em foco.

Ao final de cada capítulo, relacionamos as principais informações nele abordadas a fim de que você avalie as conclusões a que chegou, confirmando-as ou redefinindo-as.

Atividades de autoavaliação

1. Considere o trecho a seguir para responder ao que se pede.

    No Brasil, o método foi introduzido nos anos 1930, especialmente nos centros culturais de língua inglesa que literalmente começaram a importar materiais e técnicas de ensino do exterior. Aliás, o método apoiou-se fortemente nos materiais, não somente no livro didático, mas também em materiais auditivos e visuais como fitas, filmes etc., através dos quais o insumo linguístico era apresentado. A sequência das aulas era rigidamente predeterminada e o professor apenas aplicava o pacote de matérias de acordo com o programa de ensino. Você já percebeu que, de vez em quando, as pessoas se referem ao material didático como "método"? (Uphoff, 2008, p. 11)

    Com base na leitura, qual seria a visão do autor sobre o uso do livro didático?
    2. O livro didático é um suporte para o professor, que tem total autonomia quanto à sua utilização.
    3. O livro didático faz parte de vários contextos de ensino, mas deve ser utilizado com parcimônia.
    4. O livro didático tem sido compreendido como método de ensino.
    5. Não há método de ensino sem uso do livro didático.
    6. No Brasil, o livro didático começou a fazer parte do ensino na década de 1950.

> Apresentamos estas questões objetivas para que você verifique o grau de assimilação dos conceitos examinados, motivando-se a progredir em seus estudos.

Atividades de aprendizagem

Questões para reflexão

1. O trecho a seguir é a descrição de uma atividade proposta para uma aula de língua inglesa. Após a leitura, procure identificar na atividade: (a) a concepção de línguas apresentada; (b) como as questões foram abordadas; (c) se a proposta representa um encaminhamento voltado para o desenvolvimento crítico; e (d) as modificações que você faria a partir do que foi proposto.

    > Distribuímos folhas de exercícios para os alunos contendo fotos de seis casas diferentes e solicitamos que eles tentassem identificar a quais países elas pertenciam. Com o auxílio de um mapa-múndi colocado no quadro, os alunos identificaram os locais exatos e a partir desses dados, escrevemos no quadro um levantamento das seguintes dadas pelos alunos de características para cada um dos lugares mencionados Japão, Brasil, Itália, Etiópia, Austrália e Alasca. [...]
    > A partir de uma visão global, os alunos puderam refletir sobre outros contextos de moradia e sobre seus próprios. Em outras palavras, questionamos se eles identificavam a existência de casas muito diferentes no bairro em que moravam e buscamos explicações geográficas, culturais e econômicas para justificar essas disparidades.

> Aqui apresentamos questões que aproximam conhecimentos teóricos e práticos a fim de que você analise criticamente determinado assunto.

bibliografia comentada

CORREA, D. A. (Org.) Política linguística e ensino de língua. Campinas, SP: Pontes, 2014.

A obra apresenta discussões pertinentes e atuais para o cenário de ensino de línguas, abrangendo processos históricos, socioculturais, linguísticos e políticos relacionados às práticas de linguagem. O livro reúne capítulos de autores e pesquisadores que buscam contribuir com reflexões nesse campo de estudos, possibilitando que os professores de línguas estrangeiras estejam mais engajados no trabalho pedagógico por meio da construção de práticas mais informadas e que assumem um caráter intervencionista. A obra favorece que os professores reflitam sobre as implicações de suas escolhas pedagógicas, bem como a respeito dos contributos que estas escolhas podem potencializar nas relações de ensino-aprendizagem.

> Nesta seção, comentamos algumas obras de referência para o estudo dos temas examinados ao longo do livro.

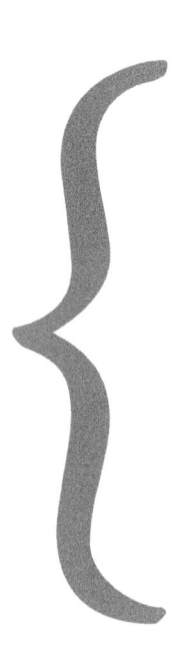

{

# um	Relações entre língua, linguagem e cultura
dois	Interculturalidade e competência intercultural no ensino de línguas
três	Dimensões interculturais e interpretativas e os materiais didáticos no ensino de línguas
quatro	Cultura e relações interculturais no ensino e na aprendizagem de línguas
cinco	Identidade e pluralismo cultural e linguístico
seis	A sala de aula como espaço intercultural e a formação de professores

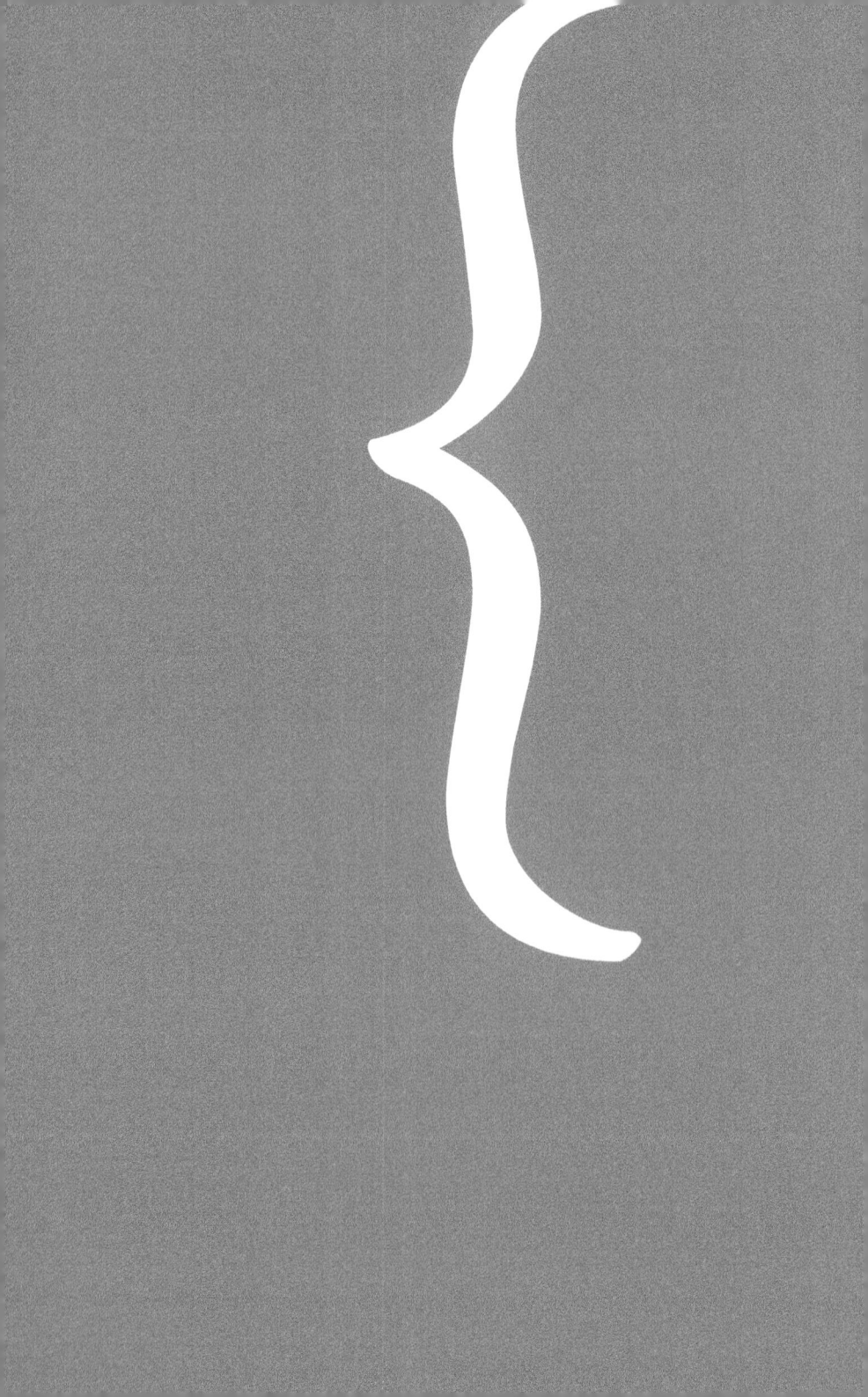

{

O PROCESSO EDUCACIONAL em si está sempre imerso em relações interculturais, pois é ocupado por sujeitos que carregam suas histórias e experiências de vida. Quando pensamos na aprendizagem de uma língua estrangeira, é bastante comum a associação da necessidade de conhecer os aspectos culturais desse novo idioma, ideia que está vinculada à maneira como se percebe e se concebe língua. Talvez você esteja se perguntando: Mas o que isso quer dizer? Será que existem formas diferentes de compreender o conceito de língua? Quais seriam essas formas diferentes e quais implicações tais concepções podem trazer no âmbito das relações de ensino-aprendizagem?

Neste capítulo, vamos analisar diferentes concepções de língua, cultura e linguagem e suas relações com identidade e comunicação. É bastante importante perceber que a maneira como esses conceitos são entendidos interfere diretamente nas formas de aprender e ensinar uma língua. Durante sua trajetória acadêmica, você terá oportunidades de ampliar seu repertório teórico, e esse é o papel da formação de professores: discutir teorias que auxiliem nas tomadas de decisão para que você possa fazer escolhas pedagógicas informadas a fim de poder atuar de modo crítico e reflexivo nesse cenário educacional tão diverso e complexo.

umpontoum
Conceito de linguagem

Na língua inglesa, a palavra *language* pode significar tanto "língua" quanto "linguagem", mas, na língua portuguesa, esses conceitos podem ter diferentes sentidos, a depender da área de estudos ou da linha teórica que se segue. Ao buscarmos o verbete *linguagem* no dicionário, podemos encontrar as seguintes definições:

(lin.*gua*.gem)

sf.
1. Ling. Sistema de sinais us. pelo homem para expressar seu pensamento tanto na fala quanto na escrita.
2. Qualquer conjunto de símbolos us. para codificar e decodificar dados (linguagem de computação)
3. Forma de expressão própria de um grupo social ou profissional; JARGÃO
4. Fala, linguajar.
5. Língua (5).
6. Tudo que serve para exprimir sensações ou ideias (linguagem corporal).
7. Voz dos animais.

FONTE: Linguagem, 2022, grifo do original.

Como podemos observar nas definições apresentadas, a concepção de linguagem imprime diferentes ideias, podendo abranger outros tipos de manifestações, tais como a pintura, a música, o teatro e a dança, já que compreendem um conjunto de signos capaz de transmitir pensamentos e emoções. A linguagem é algo que também faz parte do mundo animal. Como estudante de Letras ou pesquisador da área, possivelmente você já ouviu falar nos estudos do linguista Émile Benveniste (1902-1976). Na obra *Problemas de linguística geral I* (1988), ele dedica um dos capítulos à discussão sobre a questão da comunicação animal contraposta à linguagem humana. Em seus escritos, o autor discorre sobre o modo de se comunicar das abelhas, que, tendo em vista a organização de suas colônias e o trabalho coletivo, mostram que são capazes de trocar mensagens entre si para o bom funcionamento de seus trabalhos. Isso pode ser observado, por exemplo, na maneira como as abelhas comunicam uma fonte de alimento. Benveniste cita o trabalho de pesquisa do professor de zoologia da Universidade de Munique, Karl von Frisch, que explica o processo de comunicação entre elas:

> *Observou, numa colmeia transparente, o comportamento da abelha que volta depois de uma descoberta de alimento. É imediatamente rodeada pelas companheiras no meio de grande efervescência, e essas estendem na sua direção as antenas para recolher o pólen de que vem carregada, ou absorvem o néctar que vomita. Depois, seguida das companheiras, executa danças. É este o momento essencial do processo e o próprio ato da comunicação. A abelha entrega-se, de acordo com o caso a uma das duas danças diferentes. Uma consiste em traçar círculos horizontais da direita à esquerda, depois da esquerda à direita sucessivamente. A outra, acompanhada por uma vibração*

contínua do abdômen (wagging-dance, "dança do ventre"), imita mais ou menos a figura de um 8: a abelha voa reto, depois descreve uma volta completa para a esquerda, novamente voa reto, recomeça uma volta completa para direita e assim por diante. Após as danças, uma das abelhas deixam a colmeia e partem diretamente para a fonte que a primeira havia visitado, e depois de saciar-se, voltam a colmeia onde, por sua vez, se entregam às mesmas danças, o que provoca novas partidas, de modo que depois de algumas idas e vindas centenas de abelhas já acorreram ao local onde a primeira descobriu o alimento. A dança em círculos e a dança em oito evidenciam-se, pois, como verdadeiras mensagens pelas quais a descoberta é assinalada à colmeia. (Benveniste, 1988, p. 61-62)

Muito interessante o processo comunicativo das abelhas, não é mesmo? Por meio das observações e dos estudos realizados pelo professor Frisch, podemos afirmar a existência de um processo de comunicação complexo que ocorre entre esses insetos. Também é possível constatar que existe a transmissão de uma mensagem na qual as abelhas conseguem informar a existência de uma fonte de alimento, bem como sua distância e sua direção. No entanto, embora se possa perceber a existência de uma linguagem entre as abelhas, o que Benveniste (1988) evidencia é que essa linguagem não apresenta as mesmas características da linguagem humana.

Quais seriam, então, as propriedades definidoras da linguagem humana? Como esclarece Benveniste (1988), a mensagem das abelhas é fixa, ou seja, as abelhas não são capazes de criar outros conteúdos, sendo estes limitados ao propósito de informar a fonte de alimentos. A linguagem das abelhas não é dialógica, visto que não propõe a interação com o interlocutor, que é uma das condições para a existência da linguagem humana. Nesse sentido, o autor caracteriza a linguagem das abelhas como um "código de sinais" embasado nos seguintes aspectos: "a fixidez do conteúdo, a invariabilidade da mensagem, a referência a uma única situação, a natureza indecomponível do enunciado, a sua transmissão unilateral" (Benveniste, 1988, p. 67).

Neste momento, você pode estar pensando: Qual seria a relação entre a linguagem das abelhas e a linguagem humana? Diferentemente das abelhas, a forma de produzir linguagem humana é ilimitada, criativa e de natureza dialógica. A capacidade de criar e de modificar a linguagem é algo essencialmente humano, ou seja, as abelhas não têm a capacidade de elaborar novos conteúdos para suas mensagens. Outro aspecto é que a linguagem humana é dialógica e pressupõe sempre um interlocutor – inclusive se você estiver falando sozinho, pois, nesse caso, o interlocutor é você mesmo. Já parou para pensar sobre isso? Ela também acontece em diferentes espaços sociais, atendendo a diversos propósitos comunicativos, por isso a forma de utilização da linguagem é tão variável – sempre é preciso considerar quem a está usando e para que e com quem se está falando/comunicando. Conviver em sociedade é também uma condição para a existência e a manutenção da linguagem humana, e a convivência social está atrelada a diferentes relações culturais, assunto que vamos discutir neste livro. Vejamos o Quadro 1.1, com as principais características da linguagem das abelhas e da linguagem humana.

Quadro 1.1 – Linguagem das abelhas *versus* linguagem humana

	Canal comunicativo	*Performance*	Mensagem e conteúdo	Simbolismo e decomposição
Linguagem das abelhas	Dança	A resposta se exterioriza por meio de uma conduta/reação. Não há diálogo.	Refere-se sempre ao alimento encontrado.	Simbolismo particular e objetivo sem variações. A mensagem das abelhas não pode ser decomposta, caso contrário, não seria compreendida.
Linguagem humana	Fala/língua	Estabelecimento de trocas/diálogos que podem manifestar-se de diferentes maneiras.	Ilimitado	Pode ou não estar relacionada a aspectos objetivos, a depender da intencionalidade. A mensagem pode ser decomposta, recriada e reformulada de maneira ampla e livre.

FONTE: Elaborado com base em Mussalin, 2009; Benveniste, 1988.

umpontodois
Visões de língua: estruturalismo e pós-estruturalismo

Como mencionamos anteriormente, há diversos estudos com diferentes propósitos que apresentam problematizações acerca de concepções de língua. Nesta obra, nosso intuito não é fazer uma análise das concepções em si, mas promover reflexões que apontem para as questões que esses conceitos podem suscitar tanto no que se refere ao desenvolvimento de práticas pedagógicas quanto no que diz respeito à forma de olhar para as relações interculturais.

Nossas reflexões terão fundamento em duas concepções, a **perspectiva estruturalista** e a **pós-estruturalista**, e suas implicações para o ensino no contexto escolar. Essas visões de língua apresentam diferentes maneiras de compreender texto, cultura e construção de sentidos. Em nossa discussão, você perceberá que o trabalho pedagógico pode ter diferentes encaminhamentos, a depender de como se compreende o conceito de língua.

Iniciaremos nossa discussão examinando a **concepção estruturalista**. Essa visão de língua está relacionada aos estudos de Ferdinand de Saussure (1857-1913), estudioso que é considerado o pai do estruturalismo e que contribuiu significativamente para que a linguística se estabelecesse como ciência. Saussure trabalhava algumas definições a partir de dicotomias: sintagma e paradigma; sincronia e diacronia; significante e significado; língua e fala. Para nós, interessa explorar esta última, já que diz respeito à concepção de língua como código. A língua – *langue* – seria o sistema linguístico que existe independentemente do sujeito falante, e a fala – *parole* – seria o uso que se faz dessa língua. Nessa lógica, a língua constitui-se em um sistema de signos, algo exterior ao indivíduo e que não pode ser modificado.

Um autor contemporâneo que também compreende língua como código é Noam Chomsky (1928-), o pai do gerativismo, a gramática universal. Para Chomsky, nós nascemos predispostos a aprender línguas. Nessa concepção, o sistema linguístico vem pronto, é inato, ou seja, nós nascemos com ele. Chomsky entende que as estruturas linguísticas estão prontas em nosso cérebro e, por isso, temos uma predisposição que é ativada conforme vamos aprendendo uma língua. Essa gramática internalizada se configura como um sistema inato que nos permite criar e compreender um número infinito de enunciados. Em seus escritos, Chomsky fundamenta sua teoria na dicotomia competência *versus* desempenho:

> A *competência* é a capacidade do ser humano para desenvolver, nos primeiros anos de vida, a gramática de sua língua, independente de ensinamentos, com base em amostras de fala, muitas vezes fragmentadas, no ambiente em que se desenvolve. O *desempenho*, por sua vez, é o uso que o falante faz do conhecimento linguístico, sujeito a influências de fatores extralinguísticos, como questões sociais, emocionais, entre outras. (Dias; Gomes, 2008, p. 27, grifo do original)

Tanto Chomsky quanto Saussure entendem a língua como dependente de um código a ser "decifrado". Podemos imaginar a seguinte situação: é como se nós tivéssemos um emissor, um receptor e a mensagem. Para que pudéssemos compreender a mensagem, bastaria, nessa concepção, saber a língua, ou seja, se eu estou falando em português, basta meu interlocutor saber português; se eu estou falando em inglês, basta meu interlocutor saber inglês. Diante disso, reflita sobre a seguinte questão: Saber a língua é suficiente para nos comunicarmos e para que o interlocutor compreenda o que queremos transmitir?

Figura 1.1 – Processo comunicativo na perspectiva de língua como código

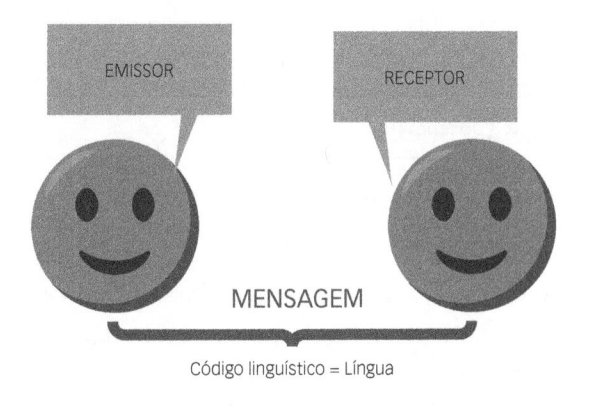

FONTE: Elaborado com base em Jordão; Martinez, 2009.

Provavelmente, você respondeu "não", e é isso mesmo. Existem outros elementos que são fundamentais para que a comunicação aconteça, como as questões sociais, culturais e ideológicas inerentes às relações com a linguagem e que são desconsideradas na concepção de língua como código. Vejamos, no Quadro 1.2, a sistematização dessa visão preconizada na linguística estrutural.

QUADRO 1.2 – VISÃO DA LINGUÍSTICA ESTRUTURAL – LÍNGUA COMO CÓDIGO

Linguística "estrutural"
1. Estrutura do código linguístico como gramática
2. Uso apenas implementa – talvez limita, talvez correlaciona – o que é analisado como código; análise do código antecede a análise do uso
3. Função referencial – completamente semantizada e uso como norma
4. Elementos e estruturas como analiticamente arbitrários (na perspectiva transcultural ou histórica), ou universal (na perspectiva teórica)
5. Equivalência funcional (adaptativa) das línguas; todas as línguas são essencialmente (potencialmente) iguais
6. Código e comunidade singulares e homogêneos (replicação de uniformidade)
7. Conceitos fundamentais, como comunidade de fala, ato de fala, falante fluente, funções da fala e da linguagem como tácitos ou arbitrariamente postulados.

FONTE: Marcuschi, 2008, p. 43.

A noção estruturalista implica a forma como entendemos a realidade e pressupõe a "existência de um mundo dado, pre-existente e exterior ao sujeito, que o representa através da língua, pressupõe-se também graus de aproximação e afastamento deste mundo único, concreto, 'natural' e, portanto, 'verdadeiro'" (Jordão, 2006, p. 2). Nessa concepção, "o sujeito não interfere nesse mundo e [...] existe apenas uma forma de interpretar e apenas um sentido considerado como 'certo'. Não se trata de algo externo a [...], mas de algo que faz parte de quem somos, uma vez que não existimos de forma independente das línguas que nos constituem" (Brahim et al., 2021, p. 22). Como estudante de Letras ou profissional da área, possivelmente você já identificou algum problema nessa concepção, não é mesmo? Vejamos como Costa (2008, p. 115, grifo do original) explica a noção de língua nessa perspectiva:

> *a abordagem estruturalista entende que a língua é forma (estrutura), e não substância (a matéria a partir da qual ela se manifesta). [...] Essa concepção de linguagem tem como consequência um outro princípio do estruturalismo: o de que a língua deve ser estudada em si mesma e por si mesma. É o que chamamos estudo imanente da língua [...]. Nessa perspectiva, ficam excluídas as relações entre língua e sociedade, língua e cultura, língua e distribuição geográfica, língua e literatura ou qualquer outra relação que não seja absolutamente relacionada com a organização interna dos elementos que constituem o sistema linguístico.*

De acordo com Jordão (2013b, p. 357), "ao entender a língua como código atribui-se a ela um funcionamento autônomo [...] e ela é tratada em sala de aula como uma estrutura constante e uniforme (ou relativamente constante e uniforme) usada para codificar e decodificar o pensamento". A autora ainda pontua algumas consequências da aplicação dessa perspectiva nas relações de ensino-aprendizagem:

a. *o papel dos sujeitos na construção de sentidos é reduzido drasticamente, uma vez que os usuários de uma língua deverão se utilizar do código construído por outrem (o sistema linguístico) para transmitir suas ideias a alguém que domine o mesmo código, cuja atribuição é decifrar a mensagem;*

b. *o ensino-aprendizagem aqui é o ensinar e o aprender o funcionamento desse código, a fim de reproduzi-lo, permitindo, desse modo, a comunicação entre pessoas;*

c. *as práticas em sala de aula privilegiadas são, portanto, a memorização, o reconhecimento e a reprodução das formas "relativamente estáveis" disponíveis socialmente para a construção linguística dos textos.* (Jordão, 2013b, p. 357)

A concepção de língua como código "engessa" os sentidos, pois se entende que existe apenas uma maneira de criar e de interpretar, mas, quando pensamos nas relações interculturais, percebemos que os sentidos podem variar muito de uma cultura para outra, a depender de espaços geográficos, por exemplo. Esse é um fenômeno que acontece em todas as línguas, porém talvez fique mais fácil tomarmos como exemplo algumas palavras em português. Que tal fazermos um exercício reflexivo sobre isso? Observe as imagens a seguir e responda como são nomeados esses alimentos em sua região. Quais outros nomes você conhece para esses produtos?

Figura 1.2 – Alimentos e construção de sentidos

Svetlana Serebryakova, Lotus Images e rodrigobark/Shutterstock

Na primeira imagem, vemos a tangerina, que é chamada em alguns lugares de *bergamota* ou *mimosa*; em seguida, a mandioca, que é conhecida também por *aipim*, *castelinha*, *mandioca-brava*, *mandioca-mansa*, *maniva* ou *macaxeira*; e, por fim, a batata-baroa, que pode receber o nome de *batata-salsa* ou *mandioquinha*. Qual seria a relação desses exemplos com a concepção de língua como código? Primeiramente, podemos notar que os diferentes nomes atribuídos a esses alimentos estão relacionados a aspectos culturais e históricos.

O nome *mandioca*, por exemplo, é atribuído a uma lenda indígena protagonizada pela índia Mani, que faleceu ainda menina. Em uma das versões dessa lenda, conta-se que os familiares, ao visitarem seu túmulo com frequência, perceberam que crescia por ali uma planta de raiz marrom com o interior branco. Assim, atribuíram o nome *mandioca* à planta, já que ela havia nascido na oca onde Mani tinha sido enterrada.

    Outro ponto é que a forma como esses nomes são atribuídos dizem respeito à maneira como as pessoas constroem sentidos socialmente, ou seja, refletem a realidade construída e representada por meio da linguagem. Nessa linha, Kawachi (2018, p. 159) explica que "as representações (sociais, culturais) não são neutras: quem afirma algo o faz a partir de uma determinada posição, pautando-se por determinadas condições que lhe conferem às representações e aos discursos um caráter sempre ideologicamente marcado". Nas palavras de Brahim et al. (2021, p. 24), isso mostra que "mesmo reconhecendo a existência das normas que estruturam as línguas, os sentidos são construídos e desconstruídos, negociados e ressignificados contingencialmente e, por isso, não são determinados a priori das situações de comunicação, nem fechados ou imutáveis". A língua apresenta uma infinidade de possibilidades de construções de enunciados que vão muito além de aspectos estruturais, no entanto essas construções estão sempre vinculadas ao contexto sócio-histórico e cultural. Tais aspectos estão relacionados à concepção pós-estruturalista.

    Em oposição à visão estruturalista, na **concepção pós-estruturalista**, a língua é entendida como algo que constitui os sujeitos e leva em conta todo o processo de construção de sentidos, sendo concebida como um sistema complexo e ideológico. Essa noção de língua nos convida a perceber que sempre estamos inseridos em práticas sociais distintas, e o funcionamento da linguagem nessas práticas se altera conforme o propósito comunicativo e os sujeitos envolvidos. Isso quer dizer que a língua reflete as relações de poder, assumindo sempre um caráter sócio-histórico e cultural.

A visão de língua como discurso de viés pós-estruturalista considera as diferentes práticas sociais como espaços ideológicos. Conforme Volochinov (2004, p. 95), "a palavra está sempre carregada de um conteúdo ou de um sentido ideológico e vivencial. É assim que compreendemos as palavras e somente reagimos àquelas que despertam em nós ressonâncias ideológicas concernentes à vida". Assim, nossas formas de entender e interpretar o mundo são "construções sociais, culturais, políticas e interpretativas" (Jordão, 2013a, p. 74), pois tais entendimentos acionam nossas bagagens de crenças, vivências e valores. Nossas leituras de mundo, feitas por meio dos usos da linguagem, ocorrem sempre através de lentes ideológicas que refletem nossos posicionamentos sobre o mundo, as pessoas e as coisas. Vale ainda destacar que, na concepção de língua como discurso, a multiplicidade de sentidos existe ao mesmo tempo que potencializa a aprendizagem em sala de aula. As verdades, as interpretações e os sentidos são sempre negociados pelos participantes das mais diferentes práticas sociais. Nessa perspectiva, a sala de aula passa a ser vista como espaço de questionamento e de problematização, como explica Jordão (2013a, p. 84):

> *Confrontando procedimentos interpretativos no espaço escolar, em um ambiente de colaboração, os alunos têm a oportunidade de perceber-se na posição de atribuidores de sentidos, de se ver como agentes construtores de significados em conjunto com comunidade discursivas de interpretação [...]. Desse modo, alunos e professores negociam o espaço de sala como local para (re) posicionar-se como agentes discursivos, percebendo-se na performatividade, narratividade e situcionalidade das práticas sociais.*

O conceito de língua como prática social extrapola a visão reducionista de que ensinar uma língua estrangeira significa apenas trabalhar as quatro habilidades – leitura, escrita, oralidade (fala) e compreensão oral. Mas qual seria a problemática que envolve essa visão? Primeiramente, é preciso reconhecer que, ao nos inserirmos nas práticas sociais, dificilmente utilizamos a língua de maneira isolada, ou seja, apenas a escrita ou apenas a fala.

Imagine que você está em uma aula expositiva em que seu professor usa *slides* para explicar determinado conteúdo. Perceba que, nessa modalidade, tanto a fala quanto a escrita estão acontecendo, seja pela maneira como o conteúdo está sendo exposto, seja pelas anotações que você faz à medida que escuta a explicação. Mesmo sendo uma aula expositiva, o professor permite intervenções dos alunos quando consente que eles façam perguntas. Nesse exemplo, já podemos perceber o uso simultâneo das modalidades da língua, situação que ocorre o tempo todo em nossas práticas comunicativas. A questão aqui não é afirmar que o professor não pode fazer atividades específicas voltadas para uma ou outra habilidade, mas enfatizar a importância de considerar sempre a língua como um sistema complexo que vai muito além da lógica utilitarista.

Outro aspecto problemático dessa visão do ensino das habilidades diz respeito à visão de língua como função comunicativa. Embora essa função seja essencial nas diferentes relações que estabelecemos, é preciso levar em conta que os significados que construímos são sempre carregados de aspectos sociais, políticos e ideológicos. Isso implica atentar para os diferentes usos linguísticos que variam de usuário para usuário e, ao mesmo tempo, perceber-se como responsável pelos sentidos criados e atribuídos nos diferentes espaços em que utilizamos a linguagem.

Ensinar língua nessa perspectiva é promover uma **educação linguística** ou, ainda, uma **sensibilidade linguística**, conforme explica Souza (2019, p. 253):

> *Mostrar para a criança que pessoas agem, pensam, falam e se expressam de formas diferentes em locais diferentes. E essa diferença não e só uma diferença de conteúdos como palavras, vocabulário. É uma diferença de conceituação de tempo, uma diferença de uso do corpo. "Olha como, para falar essa palavra você tem que mexer a boca de forma diferente. Fala thin, ou fala cat, é diferente de can't ou de Kathy. Então você tem que colocar os dentes, a língua". Enfim, as pessoas usam corpos de formas diferentes, em locais diferentes. Essa é uma sensibilização linguística e tem um propósito. O propósito educativo disso é apreciar as diferenças. Quando a criança percebe que as pessoas se expressam de formas diferentes em línguas diferentes, ela vai perceber por que as pessoas no seu bairro falam de um jeito e as pessoas na escola falam de outro; porque os meninos falam e agem de um jeito e as meninas de outro, e assim por diante. Isso é educação baseada na sensibilidade linguística.*

Podemos entender que a educação linguística vai ao encontro do desenvolvimento de uma perspectiva que valoriza as diferentes formas de usar a língua em diferentes contextos. Assim, convida o estudante a se perceber nesse processo, pois a constituição de sua identidade linguística ocorre durante o duplo processo de observar e se deixar transformar pelo outro.

Como forma de sistematizar nossas reflexões sobre as duas visões de língua apresentadas, vejamos o Quadro 1.3, no qual são comparadas a visão de linguagem tradicional (estruturalista) e a visão pós-estruturalista.

QUADRO 1.3 – NOÇÕES ESTRUTURALISTA E PÓS-ESTRUTURALISTA

Noção convencional (estruturalista) de linguagem	Noção pós-estruralista de linguagem
Linguagem traduz ou representa a realidade.	Linguagem e realidade se constroem de forma mútua – uma não precede a outra.
Linguagem é um meio de comunicação.	Linguagem constrói comunicação por meio da negociação. Não se comunicam ideias e valores, criam-se ideias e valores por meio da linguagem.
Linguagem é neutra e transparente.	Linguagem nunca é neutra ou transparente. É sempre culturalmente tendenciosa.
Linguagem é fixa e definida por normas sociais (ex.: gramática e dicionários).	Linguagem é sempre estruturada, mas essas estruturas nunca são fixas ou estáveis. Elas mudam de forma dinâmica, a depender de seus contextos.

FONTE: Lima, 2006, p. 2, tradução nossa.

Diante do que refletimos até o momento, talvez você esteja buscando uma diferenciação entre os conceitos de língua e linguagem. Como pontuamos anteriormente, esses conceitos suscitam diferentes entendimentos, porém, nesta obra, vamos utilizar *língua* e *linguagem* como termos sinônimos, considerando que a língua está ligada a questões normativas, gramaticais e lexicais, mas, ao mesmo tempo, constitui-se em um sistema amplo de construção de sentidos que envolve aspectos que vão além do verbal e do linguístico.

umpontotrês
Translinguagem e multimodalidade

Ao analisarmos as visões estruturalista e pós-estruturalista, percebemos que a segunda é mais adequada para pensarmos sobre o ensino de línguas em uma perspectiva intercultural, uma vez que rompe com a ideia de uma uniformidade linguística e considera outras possibilidades de pensar e construir sentidos socialmente. Isso porque a visão de língua como discurso considera língua e cultura como aspectos inseparáveis. Nesse sentido, precisamos abolir a ideia de língua como um sistema fechado e, ao mesmo tempo, valorizar a pluralidade linguística, visto que vivemos em um mundo cada vez mais diversificado e multilíngue.

A noção de translinguagem – *translanguaging* – cada vez mais é o ponto central de pesquisas, já que esse fenômeno tem se intensificado não apenas nos contextos de ensino bilíngue, em que duas línguas geralmente se misturam. Rocha e Maciel (2015) explicam que a noção de prática translíngue não é algo novo, pois o debate voltado para a diversidade linguística já existe há um bom tempo. A noção de translinguagem também problematiza a orientação monolíngue segundo a qual a comunicação se efetiva apenas quando todos os participantes de um ato comunicativo se utilizam de uma mesma língua para se fazerem compreender. Diante dessa lógica, a língua é vista como um sistema autossuficiente que não deve misturar-se com outras línguas, pois poderia causar interferências e prejudicar tanto o ato comunicativo quanto a própria língua (Rocha; Maciel, 2015).

Mas qual seria a diferença entre alternância linguística (*code-switching*) e prática translíngue? Krause-Lemke (2020) esclarece essa diferença explicando que a primeira tem como base uma visão tradicional de língua, na qual os participantes fazem uma alternância de códigos – do português para o inglês, por exemplo. Esses códigos são bastante demarcados, ao contrário do que acontece na translinguagem, a qual "não diz respeito apenas à mudança de uma língua para outra, mas, à construção de práticas discursivas inter-relacionadas e complexas, em que as línguas e conhecimento se constituem no processo interativo, não podendo, portanto, ser atribuídas e/ou encaixadas em uma definição tradicional de linguagem" (Krause-Lemke, 2020, p. 2075).

Com relação às práticas translíngues, Canagarajah (2013, p. 7-8, tradução nossa) destaca a importância do uso de estratégias de negociação:

> A prática translíngue se aplica mais às estratégias de engajamento com códigos diversos, com a consciência de que a forma dos produtos textuais finais irá variar de acordo com as expectativas. [...] O paradigma translinguístico, então, não desconsidera as normas e convenções estabelecidas como definidas para certos contextos por instituições e grupos sociais dominantes. O mais importante é que os usuários da língua negociem essas normas em relação aos seus repertórios e práticas translíngues.

Você pode estar se perguntando: Como a translinguagem pode auxiliar em meu desenvolvimento ou nas relações interculturais? Quais benefícios podem ser obtidos e de que maneira é possível aplicar essas estratégias?

Para refletirmos sobre esses questionamentos, precisamos tomar como ponto de partida o fato de que as relações interculturais vêm sendo cada vez mais afetadas pelo advento da globalização e pelos movimentos de internacionalização que crescem tanto no setor empresarial quanto no campo educacional. Diante disso, as estratégias aplicadas de maneira apropriada potencializam as formas de comunicação e exercem um papel de troca interessante entre os interlocutores, que possivelmente conseguem ter uma melhor compreensão do outro e um diálogo mais efetivo.

Inspirado nos estudos de Canagarajah (2013) e inserido no contexto de um programa intensivo de inglês em Gorontalo, província da Indonésia, o professor Yohanes Nugroho Widiyanto buscou encorajar professores e alunos voluntários, americanos e indonésios, a utilizar diferentes estratégias de negociação em suas práticas comunicativas orais enquanto participavam do programa. Com base na observação desses usos, Widiyanto sistematizou algumas das estratégias translíngues utilizadas, as quais podemos observar no Quadro 1.4.

Quadro 1.4 – Estratégias de comunicação translíngues

Macroestratégias	Definições	Exemplos
Aproximação	Usar um único item lexical alternativo que compartilha características semânticas com a palavra-alvo.	Uso de *prato* em vez de *tigela*.
Cunhagem de palavras	Criar palavras L2 (segunda língua) inexistentes aplicando uma suposta regra L2 a uma palavra L2 existente.	Uma placa em um aeroporto na Indonésia: "Toilet *Penyandang Cacat* (no idioma indonésio, 'pessoas com deficiência') / Handicapped toilet".
Estrangeirização	Usar uma palavra da L1 (primeira língua) / L3 (terceira língua) ajustando-a à fonologia e/ou morfologia da L2 (segunda língua).	Na conversa diária indonésia, as pessoas dizem *kans* quando querem dizer *acaso*.

(continua)

(Quadro 1.4 – conclusão)

Macroestratégias	Definições	Exemplos
Tendência retórica	Usar estratégias persuasivas que representam a personalidade dos falantes para uma comunicação eficaz.	Algumas estratégias incluem mostrar assertividade, usar o humor, preservar a solidariedade do grupo etc.
Expressões de gênero	Homens e mulheres usam linguagem diferente na interação. Os alunos do sexo feminino e masculino também empregam uma linguagem diferente em sua conversa. As alunas tendem a usar uma linguagem de alto envolvimento com turnos mais curtos, intervalos mais curtos, mais sobreposição e menos apelo ao conhecimento especializado.	Usar palavras que representam questões de gênero do falante.

FONTE: Elaborado com base em Widiyanto, 2016.

Diante das estratégias apresentadas, é possível identificar que a identidade linguística dos falantes se manteve, no sentido de que os aspectos culturais não foram apagados nas interações, o que mostra ser possível interagir de maneira plurilíngue sem necessidade de renunciarmos ao uso da língua materna. Aliás, a língua materna é nossa primeira referência linguística, portanto ela pode servir para que possamos construir relações e comparações tanto estruturais quanto culturais. A comunicação plurilíngue é cada vez mais recorrente e, nesse aspecto, tem se tornado uma habilidade necessária para agir e se comunicar em diferentes espaços. Vale destacar que uma comunicação plurilíngue não implica apenas utilizar diferentes línguas em uma mesma prática social, até porque nem todas as pessoas têm repertórios linguísticos de outros idiomas. Essa habilidade, principalmente relacionada ao ensino de línguas estrangeiras, está vinculada à promoção da curiosidade de comparar usos linguísticos, apresentar outros sons e outras maneiras de construir sentidos transitando por outras identidades linguísticas e culturais. Por meio desse tipo de prática, podemos ampliar nossa perspectiva, uma vez que a língua constrói nossa realidade.

Assim como as línguas se tornam mais próximas considerando-se o mundo cada vez mais dinâmico e complexo em que vivemos, as formas de construirmos sentidos é afetada pelas tecnologias digitais e pelos processos de globalização, que nos possibilitam ampliar o contato com falantes de diferentes línguas e usufruir de diferentes usos da linguagem. As questões culturais, bem como as tecnologias, permitem que outros recursos, além do verbal, entrem em jogo nas práticas comunicativas, tais como fotos, *emojis*, áudios, *gifs*, *memes*, figurinhas, vídeos e *hiperlinks*. A linguagem híbrida, usada frequentemente nas redes sociais, ilustra como temos empregado esses recursos para estabelecermos relações comunicativas, elementos que impactam e modificam a maneira como a sociedade desenvolve e pensa suas práticas sociais nesse cenário.

A multimodalidade é entendida por Ferraz (2018, p. 79) como os "vários designs ou modos em que as linguagens podem ser manifestadas: linguístico, auditivo, espacial, gestual, visual, multimodal [...] são alguns exemplos de modos de linguagem contemporânea". No entanto, esse modo de linguagem existe desde a Pré-História nas culturas ágrafas, manifestada nas pinturas rupestres que eram utilizadas para expressar crenças, rituais e o cotidiano do homem pré-histórico. Tais registros eram feitos recorrendo-se ao uso de carvão, sangue de animais, líquidos extraídos de plantas e pedaços de rocha. Sob o ponto de vista dos estudos da linguagem, essas pinturas têm sido analisadas também como formas de expressão linguística e denotam uma consciência simbólica nas formas de representação.

FIGURA 1.3 – MULTIMODALIDADE E FORMAS DE EXPRESSÃO NA PRÉ-HISTÓRIA

DANTE PETRONE/Shutterstock

Na sociedade contemporânea, que mobiliza amplamente a linguagem nos espaços digitais, um aspecto interessante são os *emoticons*. Eles são utilizados universalmente, porém seus significados e a maneira como são interpretados podem variar de uma cultura para outra. Em uma matéria publicado na *BBC News – Brasil*, o jornalista Alex Rawlings (2019) explica algumas dessas diferenças. O *emoji* de aplausos, que, para nós, geralmente é relacionado a um elogio ou parabenização por algo, na China remete ao ato sexual; o sinal de polegar para cima, que comunica uma confirmação ou aprovação, é interpretado como ofensa ou vulgaridade na Grécia e no Oriente Médio; o *emoji* ligeiramente sorridente, que pode ser usado para manifestar contentamento, na China é visto como incômodo ou desconfiança de alguém; o símbolo das mãos unidas, que, para alguns, representa questões religiosas na cultura ocidental, no Japão é utilizado no sentido de "por favor" ou "obrigado"; por fim, o *emoji* do anjo, que pode estar relacionado à realização de uma boa ação ou denotar inocência na cultura ocidental, na China é vinculado à ideia de ameaça ou, ainda, de morte.

Figura 1.4 – *Emojis que representam diferentes aspectos conforme a cultura*

Como podemos perceber, a linguagem humana não é monomodal, e outros elementos não verbais constituem nossas práticas sociais. Outro exemplo que temos desses elementos são os gestos, as expressões faciais e as posturas corporais. Segundo Sena e Cavalcante (2019, p. 2460), nem sempre os gestos foram vistos como pertencentes à linguagem, tampouco as práticas comunicativas; assim, "durante anos o recurso gestual foi excluído da parte linguística e estudos recentes remontam o interesse pelos gestos à década de 80 com os cognitivistas". Em uma concepção de língua como prática social e multimodal, os elementos não verbais também são constituintes do discurso. Nesse sentido, os gestos são elementos vinculados a contextos culturais e, por isso, sua compreensão está intrinsecamente ligada às experiências compartilhadas entre usuários em suas trocas comunicativas, uma vez que imprimem aspectos sociais, emocionais e culturais dos seres humanos. Assim como os *emojis*, os gestos e as expressões faciais e corporais podem representar diferentes sentidos, a depender do contexto cultural em que estão inseridos. Desse modo, as expressões corporais, faciais e gestuais precisam sempre ser vinculadas a um contexto para que a interpretação aconteça. É por isso que a ideia de língia como código não cabe quando pensamos nas questões interculturais. A decodificação da mensagem verbal é apenas uma parte desse processo, pois é preciso que os usuários estejam dispostos a aprender uns com os outros para que uma relação de troca realmente aconteça.

umpontoquatro
Conceito de cultura

O conceito de cultura é bastante amplo, complexo e multifacetado e está presente em diferentes áreas do conhecimento, tais como a antropologia, as ciências sociais, a psicologia, para citar algumas, as quais analisam e entendem os fenômenos culturais de diferentes maneiras. Tendo isso em vista, nesta obra, vamos discutir o conceito de cultura relacionando-o aos estudos recentes nas áreas da linguística aplicada e da educação, uma vez que elas se conectam diretamente com as questões de ensino de que estamos tratando.

Buscando explicar o conceito com base em suas raízes etimológicas, Eagleton (2005) afirma que, em sua gênese, *cultura* é "cultivo", "lavoura", no sentido agrícola. De raiz latina, *colere*, refere-se ao cultivo, à natureza ou à proteção; igualmente, resulta de outro radical latino, *cultus*, que carrega a ideia de "culto" às divindades, mas também à natureza individual, ou seja, o cultivo do eu. Analisar os resquícios de transição histórica dos sentidos de *cultura* pode nos ajudar a compreender questões fundamentais:

> *Se cultura significa cultivo, um cuidar, que é ativo, daquilo que cresce naturalmente, o termo sugere uma dialética entre o artificial e o natural, entre o que fazemos ao mundo e o que o mundo nos faz. É uma noção "realista", no sentido epistemológico, já que implica a existência de uma natureza ou matéria-prima além de nós; mas tem também uma dimensão "construtivista",*

já que essa matéria-prima precisa ser elaborada numa forma humanamente significativa. Assim, trata-se menos de uma questão de desconstruir a oposição entre cultura e natureza do que de reconhecer que o termo "cultura" já é uma tal desconstrução. (Eagleton, 2005, p. 11)

Bauman (2012, p. 5), em seus escritos, também discute a relação entre os conceitos de cultura e natureza, explicando que, na segunda metade de século XVII, a noção de cultura estava voltada à ideia de "distinguir as realizações humanas dos fatos 'duros' da natureza". Diante disso, a cultura dizia respeito ao que o homem pode fazer ou criar, sendo os fatos culturais entendidos como produtos humanos, ao passo que a natureza era vista como algo pronto, bastando ao homem aceitar e obedecer. O autor acrescenta que somente no século XX essa divisão começou a ser descontruída, surgindo um movimento de "culturalização" da natureza, segundo o qual é difícil fazer uma distinção precisa entre criação humana e natureza como tradicionalmente se pensava. Nessa linha, as criações humanas passam a integrar um grupo social que imprime relações de coletividade, e não mais de individualidade.

Tendo em vista a amplitude e a complexidade do termo, Laraia (2009) problematiza algumas teorias sobre o conceito de cultura. Uma delas relaciona a cultura ao determinismo biológico, entendido como capacidade inata atribuída por aspectos genéticos a determinados povos. Para ilustrar essa crença, o autor apresenta alguns exemplos:

> *Muita gente ainda acredita que os nórdicos são mais inteligentes do que os negros; que os alemães têm mais habilidade para a mecânica; que os judeus são avarentos e negociantes; que os norte-americanos são empreendedores e interesseiros; que os portugueses são muito trabalhadores e pouco inteligentes; que os japoneses são trabalhadores, traiçoeiros e cruéis; que os ciganos são nômades por instinto, e, finalmente, que os brasileiros herdaram a preguiça dos negros, a imprevidência dos índios e a luxúria dos portugueses.* (Laraia, 2009, p. 17-18)

A teoria sobre o determinismo biológico não apenas carrega visões estereotipadas e preconceituosas de cultura, como também se distancia do aspecto social intrinsecamente ligado à cultura. Como Laraia (2009) nos mostra em outro exemplo, se uma criança nasce no Brasil e logo é transferida para outro contexto de criação, certamente será esse novo ambiente de convivência que influenciará diretamente suas ações, seus pensamentos e seus comportamentos culturais, porque uma cultura está sempre ligada a questões sociais, ou seja, é interdependente das relações de convivência e da coletividade. Não é algo que nasce com o sujeito, e sim que está associado a um processo de aprendizagem, de experiências vividas e ressignificadas.

Dagios (2010), tomando como base os estudos da antropóloga Margaret Mead na obra *Cooperation and Competition among Primitive Peoples* (1973), apresenta uma distinção entre cultura com "C" maiúsculo e cultura com "c" minúsculo:

> *Cultura com "C" maiúsculo [...] representa todo o complexo de comportamento tradicional que vem sendo desenvolvido ao longo dos tempos, pela raça humana e é apreendido sucessivamente, permitindo o repassar de conhecimentos de uma geração para outra. [...] cultura com "c" minúsculo, menos precisa, pode ser vista como formas de comportamento que são característicos de certa sociedade, certa área ou certo período de tempo, permitindo que um determinado grupo seja identificado por seus traços culturais. Nesta perspectiva, um mesmo indivíduo pode ser membro de um grupo, mas possuir características de diversos outros grupos. Essa visão nos permite vislumbrar um mundo multifacetado em que se torna cada vez mais difícil, se não impossível, atribuir características claras e pontuais a uma determinada cultura. (Dagios, 2010, p. 29)*

A problemática dessa distinção recai na ideia de uma superioridade cultural, visto que a "Cultura com C maiúsculo" – a qual abrange aspectos visíveis de um povo, tais como a literatura, a religião, as artes, a gastronomia e as tradições – e a "cultura com c minúsculo" – a qual está relacionada aos aspectos não tangíveis, como o léxico, as formas de falar e o comportamento – encontram-se em diferentes dimensões sociais. A ideia de conjunto de traços culturais ilustrada por meio dessa concepção acaba imprimindo uniformidade e homogeneidade a determinado povo ou grupo social, ao passo que fecha o indivíduo como pertencente a uma única cultura e reproduz, de certa maneira, rótulos e estereótipos, dos quais trataremos mais adiante. Ao partilharmos de uma mesma nacionalidade, por exemplo, esta é apenas uma característica comum; não quer dizer que vivemos e gostamos das mesmas coisas, tampouco que não temos diferenças culturais. Considerando os fluxos cada vez mais constantes provocados pela globalização, vivemos em um hibridismo cultural que nos insere em diferentes comunidades culturais.

Como já apontamos, o conceito de cultura é complexo, e diferentes áreas do conhecimento o definem e o estudam sob várias perspectivas. O antropólogo estadunidense Clifford Geertz (1973, p. 15), em seu livro seminal *A interpretação das culturas*, conceitua a cultura como

> *algo essencialmente semiótico. Acreditando, como Max Weber, que o homem é um animal amarrado a teias de significados que ele mesmo teceu, assumo a cultura como sendo uma dessas teias e a sua análise, portanto, não como uma ciência experimental em busca de leis, mas como uma ciência interpretativa, à procura do significado.*

Seguindo o raciocínio de Geertz (1973), podemos afirmar que a cultura está em uma das teias de significados e que os sentidos atribuídos ao conceito vêm sendo modificados, reinterpretados e ressignificados a partir de diferentes perspectivas. Entendendo essa complexidade, Kawachi (2015, p. 42-43) qualifica a noção de cultura como um processo:

> *Nesse percurso de deslocamento dos sentidos de "cultura", parece-me que nos encontramos, muitas vezes, atualmente, em situações de uso do conceito como "coisa", como "algo*

que se possui". Entendo, então, que estamos diante de um movimento cíclico: do substantivo (cultura; terra cultivada) ao verbo ("cultivar"; "cultivar a terra") ao substantivo novamente e, consequentemente, à reificação (cultura como coisa; "a cultura brasileira é essa"). O que se propõe, aqui, é que o conceito seja repensado como processo, movimento, em meio a deslocamentos e rupturas, nunca fixo ou estanque, permeado por processos socioculturais, históricos e culturais associados ao comportamento.

Para facilitar a compreensão da complexidade da noção apresentada, reproduzimos a seguir a ilustração de Kawachi sobre a problemática da definição do termo.

FIGURA 1.5 – TRANSFORMAÇÃO DOS SENTIDOS DE *CULTURA*

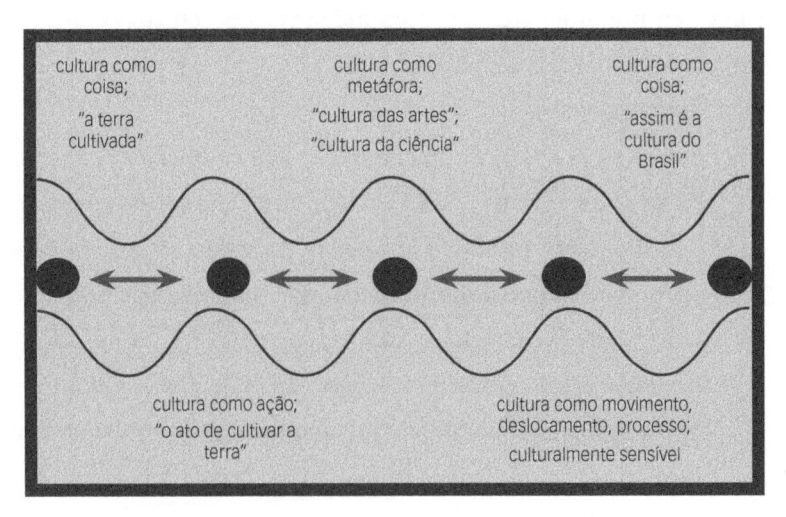

cultura como coisa; "a terra cultivada"	cultura como metáfora; "cultura das artes"; "cultura da ciência"	cultura como coisa; "assim é a cultura do Brasil"
	cultura como ação; "o ato de cultivar a terra"	cultura como movimento, deslocamento, processo; culturalmente sensível

FONTE: Kawachi, 2015, p. 43.

O autor apresenta uma breve explicação sobre a ilustração:

> *a leitura dessa figura é pensada de maneira dinâmica. Embora os elementos estejam dispostos linearmente, eles se sobrepõem na prática, o que significa que ainda existem discursos calcados na ideia de cultura como coisa ao mesmo tempo em que é possível verificar visões de cultura centradas na ideia do movimento ou deslocamento.* (Kawachi, 2015, p. 43)

As setas indicam a intersecção entre essas diferentes perspectivas, as quais retomam ao mesmo tempo que ressignificam conceitos.

Ampliando a discussão, Maher (2007) apresenta a noção discursiva de cultura e nos convida a abandonar a noção de herança cultural, ou seja, buscar esse entendimento de que cultura é algo sempre movente. A autora defende que a cultura é um sistema compartilhado de valores

> *que orienta a forma como vemos e damos inteligibilidade às coisas que nos cercam; e é ela quem orienta a forma como agimos diante do mundo e dos acontecimentos. [...] A cultura, assim, não é uma herança: ela é uma produção histórica, uma construção discursiva. A cultura, portanto, é uma abstração; ela não é "algo", não é uma "coisa". Ela não é um substantivo. Antes, como explica Street (1993), a cultura é um verbo. Ela é um processo ativo de construção de significados. Ela define*

palavras, conceitos, categorias e valores. E é com base nessas definições que vivemos nossas vidas. (Maher, 2007, p. 261-262)

Ao apresentarmos os conceitos de língua e cultura neste capítulo, tivemos como propósito estabelecer algumas conexões importantes e necessárias para pensarmos como as práticas interculturais têm sido representadas nos contextos educacionais. O projeto educativo inserido em uma perspectiva intercultural requer a identificação e a promoção de práticas que possibilitem a articulação no reconhecimento às diferenças não como apagamento ou homogeneização, mas como possibilidade de construção do diálogo sensível e crítico, tendo em vista que essas questões estão sempre inseridas em práticas de linguagem.

Síntese

Neste capítulo, discutimos os conceitos de língua, linguagem, cultura e identidade. Vejamos alguns pontos que são essenciais para darmos sequência aos estudos:

- As concepções de língua e linguagem interferem na maneira como pensamos e construímos as relações interculturais.
- Duas perspectivas são comumente usadas para pensar o conceito de língua: a perspectiva estruturalista, que entende a língua como um código, e a pós-estruturalista, que entende a língua como discurso.

- O conceito de cultura apresenta uma enorme complexidade em sua definição, mas não pode ser entendido como algo estável, e sim sempre movente.

Longe de esgotar a discussão, tão ampla e rica, nosso intuito foi apresentar tais conceitos para subsidiar o conteúdo subsequente. Esses conceitos serão retomados nos outros capítulos para que você possa ter os fundamentos necessários para se aprofundar em nossa discussão.

Atividades de autoavaliação

1. Considerando o conceito de língua estudado neste capítulo, marque E para as afirmações ligadas à perspectiva estruturalista e PE para as afirmações ligadas à perspectiva pós-estruturalista.

( ) O mundo e a realidade são entendidos como externos ao sujeito, a língua é vista como transparente, e seus significados são previsíveis e decodificáveis.

( ) Os sentidos construídos no momento da produção jamais serão os mesmos que o leitor constrói em seu contato com o texto.

( ) A língua é vista como um espaço de construção e reconstrução de sentidos que não são prontos e acabados, mas negociados nas diferentes práticas sociais.

( ) A linguagem é sempre estruturada, mas as estruturas nunca são fixas ou estáveis, pois mudam dinamicamente, a depender de seus contextos e de seus usuários.

( ) A linguagem é um instrumento de comunicação.

Agora, assinale a alternativa que apresenta a sequência correta:

a. E, PE, E, PE, PE.
b. PE, PE, PE, E, E.
c. E, PE, PE, PE, E.
d. PE, E, PE, PE, E.
e. PE, PE, E, PE, E.

2. Leias os excertos a seguir para responder ao que se pede.

Excerto 1

Como tudo o que temos são interpretações, o que ensinamos quando ensinamos língua são interpretações, são possibilidades de construção de sentidos, quer o façamos explicita e conscientemente, ou não. Nessa visão, não há como recomendar ao professor de línguas que trabalhe com cultura em sala de aula, pois ele estará sempre trabalhando com cultura, mesmo que não a tematize – língua e cultura são indissociáveis, e não apenas por uma questão de vontade: ambas são procedimentos interpretativos arbitrária e socialmente constituídos e legitimados, interdependentes e mutuamente influenciadores. (Jordão, 2006, p. 7)

Excerto 2

[...] língua não é uma porção de formas linguísticas arbitrárias aplicadas a uma realidade cultural que pode ser encontrada fora da língua, no mundo real. Sem a língua e outros sistemas simbólicos, os hábitos, as crenças, as instituições e os monumentos que chamamos de cultura seriam apenas realidades observáveis

e *não fenômenos culturais. Para se tornar cultura, eles têm de ter significado, pois é o significado que damos a comidas, jardins e formas de vida que constitui a cultura.* (Kramsch, 2017a, p. 139)

Com base na leitura, analise as asserções a seguir.

I. A concepção estruturalista enfatiza o ensino das estruturas linguísticas, considerando-se que, para aprender uma língua estrangeira, é necessário dominar aspectos gramaticais.

II. Apenas o Excerto 1 apresenta a ideia de língua e cultura como indissociáveis.

III. Tanto o Excerto 1 quanto o Excerto 2 apresentam a visão de língua como discurso, pois evidenciam que a língua constrói a realidade, ou seja, as formas como interpretamos o mundo.

É correto o que se afirma em:

a. I, II e III.
b. III, apenas.
c. I e II.
d. II e III.
e. I e III.

3. Os fragmentos a seguir apresentam uma concepção de língua como discurso, **exceto** em:

a. "Nenhum texto é inocente e todo texto reflete um fragmento do mundo em que vivemos. Em outras palavras, os textos são políticos porque todas as formações discursivas são políticas. Analisar texto ou discurso significa analisar formações discursivas essencialmente políticas e ideológicas por natureza" (Kumaravadivelu, 2006, p. 140).

b. A língua é vista como "espaço de construção de sentidos e representação de sujeitos e do mundo. Os sentidos não são 'dados' por uma realidade independente do sujeito: eles são construídos na cultura, na sociedade e na língua" (Jordão, 2013a, p. 73).

c. "Mesmo reconhecendo a existência das normas que estruturam as línguas, os sentidos são construídos e desconstruídos, negociados e ressignificados contingencialmente e, por isso, não são determinados a priori das situações de comunicação, nem fechados ou imutáveis" (Brahim et al., 2021, p. 24).

d. "A palavra está sempre carregada de um conteúdo ou de um sentido ideológico e vivencial. É assim que compreendemos as palavras e somente reagimos àquelas que despertam em nós ressonâncias ideológicas concernentes à vida" (Volochinov, 2004, p. 95).

e. "[...] atribui-se a ela um funcionamento autônomo [...] e ela é tratada em sala de aula como uma estrutura constante e uniforme (ou relativamente constante e uniforme) usada para codificar e decodificar o pensamento" (Jordão, 2013b, p. 357).

4. Relacione cada conceito à respectiva definição.

(A) Cultura como processo
(B) Cultura como teia de significados
(C) Cultura como determinismo biológico
(D) Cultura com "C" maiúsculo
(E) Cultura com "c" minúsculo

( ) Nunca é fixa ou estanque, é permeada por processos socioculturais e históricos associados ao comportamento.

(   ) Capacidade inata vinculada a aspectos genéticos que atribuiriam tais capacidades a determinados povos.
(   ) Abrange aspectos visíveis de um povo, tais como a literatura, a religião, as artes, a gastronomia e as tradições.
(   ) Está relacionada aos aspectos não tangíveis, como o léxico, as formas de falar e o comportamento.
(   ) Sistema de símbolos que interage com os sistemas de símbolos de cada indivíduo, em uma interação recíproca.

Agora, assinale a alternativa que apresenta a sequência correta:

a. C, D, E, B, A.
b. A, C, D, E, B.
c. A, D, E, B, C.
d. D, E, A, B, C.
e. C, E, B, A, D.

5. Sobre a translinguagem e a multimodalidade, analise as assertivas a seguir e indique V para as verdadeiras e F para as falsas.

(   ) A prática de *code-switching* é a mesma coisa que a prática translíngue, pois implica o uso de dois códigos linguísticos simultaneamente.
(   ) Na multimodalidade, entende-se que a imagem e o texto verbal interagem entre si construindo sentidos, ou seja, são modos semióticos independentes.
(   ) A translinguagem é um fenômeno recente que surgiu com a globalização e a popularização da internet.

( ) A multimodalidade é algo bastante vinculado aos aspectos culturais, pois o não verbal é também um elemento que muda de cultura para cultura.

( ) A translinguagem e a multimodalidade podem ser vistas como fenômenos relacionados à comunicação e à construção de sentidos.

Agora, assinale a alternativa que apresenta a sequência correta:

a. V, V, F, F, V.
b. V, F, V, F, F.
c. F, F, F, V, V.
d. F, V, F, V, V.
e. F, V, F, F, V.

Atividades de aprendizagem

Questões para reflexão

1. Como as concepções de língua, cultura e ensino se relacionam? Essas visões afetam as práticas pedagógicas? De que maneira?

2. Quais experiências interculturais você já teve durante sua jornada escolar e acadêmica? Quais foram as contribuições que essas experiências trouxeram para sua formação pessoal e profissional?

Atividades aplicadas: prática

1. Assista ao filme *Minha bela dama* (*My Fair Lady*) buscando identificar:

a. Qual concepção de língua é apresentada?
b. De que maneira essa concepção afeta as personagens?
c. Como língua e realidade se relacionam no filme?

> MINHA bela dama. Direção: George Cukor. EUA: Paramount Pictures, 1964. 160 min.

2. Neste livro, vamos discutir as relações entre língua, cultura e identidade. Então, convidamos você a pensar sobre algumas questões a partir da construção de sua biografia linguística. Sua construção poderá ser feita em forma de mapa mental, desenhos, *slides* ou vídeo. Para ajudar nessa tarefa, apresentamos dois conceitos de biografia linguística, seguidos de um roteiro que você poderá utilizar para orientar sua produção.

Excerto 1

Biografias linguísticas são relatos autobiográficos em que as línguas são o centro narrativo: memórias familiares, experiências escolares, trabalho e profissão, lugar onde você vive, viaja, ou seja, tudo o que é conta e se comenta sobre, a partir do eu biográfico, em uma narrativa que mantém uma relação próxima com a língua e os processos de socialização e identidade. (Malaver, 2020, p. 178)

Excerto 2

A biografia linguística de uma pessoa é o conjunto de caminhos linguísticos, mais ou menos longos e mais ou menos numerosos, que ela percorreu e que formam, doravante, seu capital linguístico; ela é um ser histórico que atravessou uma ou mais línguas, maternas ou estrangeiras, que constituem um capital linguístico permanentemente em mutação. A biografia linguística é, em síntese, as experiências linguísticas vividas e acumuladas em uma ordem aleatória, que diferencia os indivíduos. (Original francês: CUQ, 2003, p. 36-37. Versão portuguesa: Câmara; Degache, 2020)

Roteiro para a elaboração da biografia linguística:

I. Quem é você? O que é língua/linguagem para você?
II. Quais línguas aprendeu na infância/idade escolar?
III. Com quais línguas você cresceu? Procure reunir aspectos que você consegue relacionar com a origem de seus pais/avós/bisavós, pensando em quais línguas permearam sua trajetória de alguma maneira.
IV. Quais línguas você aprendeu posteriormente? Considere línguas que ouve, mas não sabe falar e línguas que sabe ler apenas de maneira instrumental, por exemplo.
V. Qual sua relação profissional com línguas estrangeiras e com a língua materna? Comente sobre suas escolhas.
VI. Relacione os contatos com outras línguas em diversos espaços (viagens, TV, internet, testes seletivos).
VII. Quais línguas gostaria de aprender? Por quê?

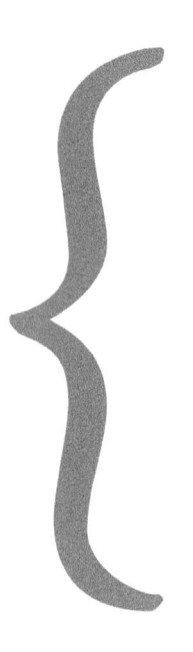

{

um	Relações entre língua, linguagem e cultura
# dois	**Interculturalidade e competência intercultural no ensino de línguas**
três	Dimensões interculturais e interpretativas e os materiais didáticos no ensino de línguas
quatro	Cultura e relações interculturais no ensino e na aprendizagem de línguas
cinco	Identidade e pluralismo cultural e linguístico
seis	A sala de aula como espaço intercultural e a formação de professores

❰ NESTE CAPÍTULO, NOSSO propósito é discutir e problematizar alguns termos que estão diretamente relacionados à proposta de educação intercultural. Apresentaremos, inicialmente, os conceitos de interculturalidade e interculturalidade crítica, entendendo que este último dialoga de maneira mais coerente com os estudos voltados para a educação linguística, porque preconiza a construção de possibilidades pedagógicas voltadas à diversidade, além de integrar novas formas de ser, viver e aprender. É uma visão centrada na compreensão da cultura como algo não exótico, rompendo com a lógica de que a competência cultural se concretiza no diálogo com o diferente e na consequente transmissão da mensagem desejada. Na verdade, como veremos nesta obra, essa capacidade vai muito além das questões linguísticas. Ela diz respeito à sensibilidade de estar aberto ao diálogo sem o desejo de apagar as diferenças, mas, ao contrário, compreendendo que constituímos nossa identidade por meio delas.

doispontoum
Conceito de competência intercultural: algumas problematizações

Quando pensamos na aprendizagem de uma língua estrangeira, é comum associarmos a noção de competência ao conjunto de habilidades que o estudante deve adquirir para se expressar e participar das diferentes práticas sociais nessa língua. No decorrer da história do ensino de línguas estrangeiras, o conceito de competência sempre esteve bastante presente, ganhando destaque com a discussão de Canale e Swain (1980) na abordagem comunicativa. Os autores organizam a ideia de competência em quatro tipos, conforme indica a Figura 2.1.

Figura 2.1 – Competências comunicativas propostas por Canale e Swain

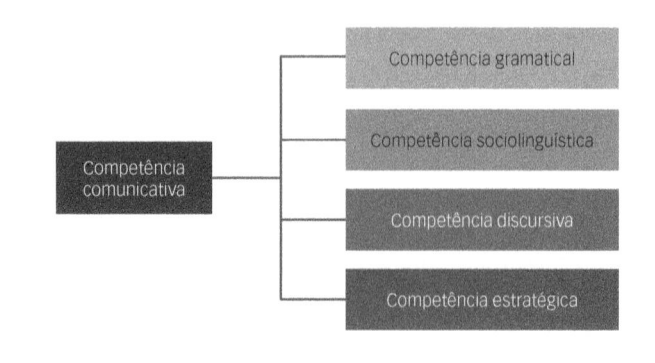

- Competência comunicativa
  - Competência gramatical
  - Competência sociolinguística
  - Competência discursiva
  - Competência estratégica

FONTE: Elaborado com base em Canale; Swain, 1980.

Vejamos o que cada uma delas significa:

- **Competência gramatical** – Refere-se ao uso apropriado de estruturas linguísticas, regras e organização frasal e vocabular adequada.
- **Competência sociolinguística** – Diz respeito ao conhecimento quanto à produção de enunciados apropriados em diferentes contextos, na interação com diferentes interlocutores.
- **Competência discursiva** – Consiste na capacidade do sujeito de produzir e interpretar diferentes enunciados. Relaciona-se também ao conhecimento sobre adequação textual (oral e escrita).
- **Competência estratégica** – Corresponde à capacidade de comunicação verbal e não verbal para a resolução de problemas de compreensão durante as práticas comunicativas. É uma estratégia desenvolvida geralmente por meio de experiências em interações reais.

O conjunto de competências apresentado por Canale e Swain (1980) tornou-se bastante popular e permanece sendo utilizado em estudos mais recentes que buscam evidenciar as habilidades necessárias a serem desenvolvidas no ensino de línguas. Entendemos as significativas contribuições dos autores para o momento em que propuseram essa discussão teórica, no entanto, considerando as mudanças sociais e tecnológicas que temos vivenciado, as quais atravessam nossas formas de experienciar as relações com a linguagem, constatamos a necessidade de problematizar a proposta, principalmente o termo *competência*. Vejamos como o verbete aparece no dicionário:

> ### Significado de Competência
>
> substantivo feminino
>
> Capacidade decorrente de profundo conhecimento que alguém tem sobre um assunto: recorrer à competência de um especialista.
>
> [Jurídico] Atribuição, jurídica ou consuetudinária, de desempenhar certos encargos ou de apreciar ou julgar determinados assuntos.
>
> Capacidade de fazer alguma coisa; aptidão.
>
> Dever ligado a um ofício, cargo, trabalho; atribuição, alçada.
>
> Conjunto de habilidades, saberes, conhecimentos: entrou na faculdade por competência própria.

FONTE: Competência, 2022.

Tendo em vista as relações semânticas que o termo *competência* apresenta, entendemos que essa noção pode ser problemática, uma vez que conecta a ideia de um nível a ser atingido ou alcançado. Nessa perspectiva, quando se atinge o nível estabelecido, automaticamente o indivíduo se torna competente naquilo que se propôs a fazer. Entretanto, é possível perceber como é complexo definir um padrão relacionado a uma competência, seja cultural, seja comunicativa, considerando-se a complexidade que permeia as relações humanas. Como definir se um sujeito é ou não competente linguística ou culturalmente? Como mensurar essa competência levando-se em conta que as relações culturais são locais, imprevisíveis e variáveis? Um sujeito competente seria aquele que evita o conflito? Mas seria o conflito algo totalmente negativo? Como definir que um sujeito é competente se o "sucesso" ou, ainda, a efetividade de uma prática comunicativa ou cultural depende também do outro no processo de interação?

Consideramos que a competência no ensino de línguas pode ser substituída pela noção de **construção de repertórios**, os quais estão atrelados à escolha e à adoção de estratégias de utilização linguística e de negociação significativas para as situações de interação. Canagarajah e Wurr (2011) advogam que a noção de construção de repertórios linguísticos está vinculada a uma mudança de paradigma, ao argumentarem que as estratégias de negociação são mais relevantes do que a competência linguística, destacando que, nas comunidades multilíngues, a gramática não é algo pronto, mas emergente, ou seja, é constituída e modificada nas interações. Dito isso, os autores defendem que os alunos não devem pensar que, ao atingirem determinado nível, darão conta de lidar com qualquer situação comunicativa, pois a língua é viva e sofre modificações constantes.

O conceito de competência intercultural é problemático na medida em que acaba reduzindo a complexidade existente nas relações entre os usuários e falantes de uma língua. Vejamos como Jordão e Martinez (2009, p. 248) explicam essa questão ao abordarem as relações de contato entre diferentes línguas:

> Evidentemente, tais contatos dependem não apenas de um conhecimento linguístico específico, mas dependem também, com igual ou mesmo maior intensidade, das relações afetivas que estabelecemos com a cultura atribuída a estes usuários, relações dentre as quais se encontram relações de poder existentes no contato entre diferentes culturas. Isso significa que, para duas

pessoas de línguas maternas diferentes interagirem efetivamente uma com a outra, não basta conhecerem as estruturas gramaticais e o vocabulário de uma língua comum a ser usada como meio de comunicação entre elas. É fundamental que ambas estejam dispostas a compreender a visão de mundo uma da outra, a cultura uma da outra, para que a comunicação entre elas seja efetiva; elas precisam estar "abertas" às diferentes formas de construir sentidos que são possibilitadas nas diferentes línguas e culturas que interagem quando duas pessoas se comunicam. Para aprender uma língua estrangeira e construir sentidos nela, precisamos mais do que o domínio de estruturas gramaticais e semânticas dessa língua: precisamos também conhecer as "estruturas" culturais, os procedimentos interpretativos, as estratégias discursivas de que se utilizam os usuários da língua em suas tentativas de fazer sentidos do e no mundo.

Para as autoras, faz-se necessária uma predisposição entre os falantes com línguas maternas diferentes para que a comunicação aconteça. Nesse sentido, pensar em uma competência (inter)cultural acaba reduzindo a complexidade na qual as relações humanas estão imbricadas. O trabalho pedagógico que valoriza práticas interculturais precisa levar em consideração essa complexidade, caso contrário, perde-se a potencialidade de transformação e agenciamento crítico dos envolvidos. Dando sequência à nossa discussão, vamos analisar como o conceito de interculturalidade vem sendo considerado no âmbito do ensino de línguas.

doispontodois
Interculturalidade e sua relação com o ensino de línguas

Língua, cultura e identidade são concepções amplas e complexas, assim como o conceito de interculturalidade, o qual vamos discutir nesta seção. Rodrigues e Silvestre (2020, p. 414-415), com base nos estudos de Diez, pontuam os seguintes aspectos:

1. em algumas sociedades, o termo costuma ser usado como sinônimo de multiculturalidade;
2. em outras, a interculturalidade é assumida a partir das relações e perspectivas dos povos indígenas;
3. ao passo que em algumas, a interculturalidade costuma ser concebida – em um viés mais complexo – como a interação entre as comunidades dentro da sociedade, não apenas no nível cultural, mas também na esfera étnica, linguística, religiosa, nacional, entre outros marcadores sociais.

O conceito de interculturalidade está relacionado à comunicação entre pessoas de diferentes culturas dentro de um país ou no encontro de fronteiras, mas, como abordamos anteriormente, ele não se reduz a essa definição. Contudo, na sala de aula, muitas vezes ele é enfocado apenas sob essa perspectiva, com a apresentação de diferentes "culturas". Como Maher (2007, p. 258) alerta, o encontro intercultural não pode ser entendido como um *plus*, e a exposição vertiginosa por meio da qual as culturas se conectam exige que a escola esteja cada vez mais preparada para "o sempre difícil encontro com o outro, com o diferente". A autora nos convida a pensar em como a noção de diversidade, com frequência, é vista como um "bálsamo" tranquilizante que cria a ideia de equivalência entre as culturas ou, ainda, busca atenuar conflitos, compreendendo-se que a convivência sem eles seria possível e desejável. A questão da diferença precisa ser colocada em jogo nos processos educativos, como defende Candau (2012, p. 239):

> considero importante afirmar que a articulação entre igualdade e diferença constitui uma questão que permeia todo o trabalho de pesquisa que venho promovendo, assim como a busca de construção de processos educativos que a tenham no centro de sua dinâmica. Considero que hoje não é possível se trabalhar questões relacionadas à igualdade sem incluir a questão da diferença, nem se pode abordar a questão da diferença dissociada da afirmação da igualdade. De fato, a igualdade não está oposta à diferença, e sim à desigualdade, e diferença não se opõe à igualdade e sim à padronização, à produção em série, à uniformização.

Candau (2012) defende o reconhecimento das diferenças propondo a legitimação dos direitos básicos de todos. A questão da diferença está ligada à pluralidade de identidades, não sendo entendida como um problema, mas como algo que deve ter sua potencialidade pedagógica reconhecida e valorizada ao ocupar a centralidade do debate contemporâneo sobre direitos humanos.

Trata-se de refletir sobre o processo educativo a partir da percepção das diferenças culturais, dos diferentes modos de ver e de pensar a vida, dos valores sociais, das diversas possibilidades de produção de conhecimento, das práticas sociais e das distintas visões de mundo. Maher (2007) também defende que a educação para a interculturalidade precisa ensinar a "destotalizar o outro". É o que ela chama de *educação do entorno*, que busca a convivência respeitosa com as especificidades linguísticas e culturais de diferentes grupos. No entendimento das autoras, o ensino de línguas oferece a oportunidade de fazer com que os estudantes ampliem suas perspectivas ao perceberem que a forma como se representa a cultura do outro é sempre uma construção discursiva, nunca verdades objetivas e neutras. É o exercício da tomada de consciência de que as culturas são construídas na complexidade das relações e atravessam todos os aspectos da vida social.

Walsh (2010) propõe o conceito de *interculturalidade crítica*, no qual a criticidade não é entendida como dada, mas como construída; considera-se que as questões da diferença são constituídas em matrizes coloniais de poder racial e hierárquico e, portanto, a doutrina do multiculturalismo é uma ferramenta que exige mudança nas estruturas e nas relações sociais, o que demanda novas condições de ser, conhecer, pensar e viver. A interculturalidade crítica aparece como uma estratégia de ação, um longo processo de negociação em termos de respeito, legitimidade, justiça e igualdade, sobretudo quanto às condições política, social e ética, com ênfase no saber: "Não apenas as relações precisam ser mudadas, mas também as estruturas, condições e meios de poder que sustentam a desigualdade, a inferioridade, a racialização e a discriminação" (Walsh, 2010, p. 4, tradução nossa). Diante dessa proposta, a visão intercultural, segundo Ramos, Nogueira e Franco (2020, p. 8), estaria atrelada

> à igualdade de oportunidades, de forma a reconhecer os conhecimentos e os saberes de cada cultura, promover o enriquecimento das diferenças culturais em uma perspectiva coletiva. Trata-se de um projeto em comum, o qual enfatiza que todas as culturas podem e devem ser reconhecidas em suas especificidades, cujas diferenças são integradas – e não excluídas – dentro de um aspecto social, cultural.

Considerando-se esse cenário, o papel do professor, de acordo com Kumaravadivelu (2012, p. 13, tradução nossa), é o de promover reflexões para que os estudantes possam "se conscientizar de como eles estão posicionados em vários contextos históricos e institucionais e também se conscientizar das possibilidades e estratégias de transgressão e transformação" por meio do uso da língua. Por exemplo, quando se faz aos professores de língua inglesa a pergunta: "Que inglês você ensina, americano ou britânico?", pressupõe-se, nesse caso, que a língua inglesa pertence a um grupo limitado de falantes, obviamente nativos, e somente esse inglês tem prestígio perante os demais existentes. Uma reflexão necessária seria: Que tipo ou variante do inglês tem feito parte de suas aulas de língua? Como as variantes aparecem nos materiais que você estuda ou utiliza em suas aulas? Pensar sobre esses aspectos é um exercício necessário, já que o *status* social dado à língua que ensinamos carrega aspectos ideologicamente marcados. Tendo isso em vista, Gimenez, Calvo e El Kadri (2011, p. 15-16) apontam alguns deslocamentos necessários ao pensarmos no trabalho com a língua inglesa no cenário atual:

1. *Ressignificação dos motivos para se aprender inglês, que passaram a enfatizar a ideia de que queremos nos comunicar com outros falantes não nativos de inglês ao redor do mundo;*
2. *Incorporação de outras variedades de inglês que não apenas americana ou britânica nas habilidades receptivas e de compreensão.*
3. *Ampliação dos tópicos e temas trazidos para a sala de aula, abrangendo temas sociais de alcance global;*
4. *Conscientização sobre o papel das línguas nas sociedades e, especialmente, do inglês como língua de comunicação internacional, que nos permite acessar informações e interagir com pessoas ao redor do mundo;*
5. *Compreensão da expansão do inglês no mundo e sua vinculação com a globalização econômica.*
6. *Desenvolvimento de maior criticidade com relação à associação do inglês a americanos ou ingleses.*
7. *Possibilidade de se criar outros procedimentos interpretativos e novos sentidos para as práticas sociais envolvendo leitura, escrita e oralidade. Em outras palavras, considerar como legítimas formas de expressão tidas como "desviantes" das normas de falantes nativos.*

Com base nos apontamentos das autoras, é possível repensar algumas práticas pedagógicas buscando incluir, no caso do inglês, outras variantes, outras temáticas, outras questões sobre o papel dessa língua no cenário atual (o que vamos discutir com mais detalhes no Capítulo 6), bem como a problematização do falante nativo como modelo e referência de fala. Essa discussão pode (e deve) ser incluída em qualquer língua a ser ensinada, porém não podemos deixar de considerar tais aspectos sobre a língua inglesa, uma vez que ela está vinculada a relações de poder e ideologias que precisam ser ponderadas se quisermos promover uma educação intercultural de fato.

doispontotrês
Interculturalidade e documentos oficiais de ensino

Documentos oficiais de ensino exercem um papel importante no contexto educacional; assim, o conhecimento das perspectivas teóricas presentes neles, bem como das que embasam suas sugestões didático-pedagógicas, é de fundamental relevância na conjuntura da formação inicial e continuada de professores. O estudo dos documentos precisa fazer parte do cotidiano do professor, pois é com base neles que muitas políticas de ensino são construídas. A maneira como se concebem o ensino, a avaliação e a aprendizagem também consta nesses documentos, e é por meio do estudo desses escritos que o professor pode questionar os pressupostos apresentados ao fazer uma análise sobre a transposição didática que considera adequada para seu contexto de atuação, o que lhe permite construir práticas mais significativas e que dialogam melhor com as necessidades de seus alunos. Vejamos como Sachs (2013, p. 447) explica a relação entre as políticas de ensino, no caso os documentos oficiais, e as questões da prática:

> *A transposição prática de uma política é algo bastante complexo [...]. Quem coloca em prática uma política lida com o desafio de converter as modalidades, a escrita e a ação. Isso pressupõe uma atuação, quase como uma peça teatral, em que há a presença do texto escrito, o qual, porém ganha mudanças e ressignificações. A prática é constituída de outros elementos além da soma de uma gama de políticas: é constituída de valores locais e pessoais e engloba a solução de, ou luta com, expectativas e requisitos contraditórios. Dessa maneira, adaptações estão sempre presentes e são necessárias.*

As políticas de ensino se alteram a depender dos interesses governamentais. Ao fazermos uma retrospectiva das línguas que já fizeram parte do currículo brasileiro, constatamos uma grande diversidade. Considerando-se as mudanças recentes, em termos comparativos, na Lei n. 9.394, de 20 de dezembro de 1996 – Lei de Diretrizes e Bases da Educação Nacional (LDB), a língua estrangeira como componente curricular encontrava-se na parte diversificada do currículo, que permitia variações e dava certa autonomia para que fosse escolhida de acordo com as necessidades e demandas locais das escolas (Brasil, 1996). Com a Lei n. 13.415, 16 de fevereiro de 2017, estabeleceu-se que "No currículo do ensino fundamental, a partir do sexto ano, será ofertada a língua inglesa" (Brasil, 2017a). Isso impõe a obrigatoriedade da inclusão do inglês nos currículos, sendo possível ofertar outras línguas apenas em caráter optativo. Essa orientação monolíngue vai na contramão dos estudos contemporâneos da linguística aplicada, que tem se voltado para a promoção do plurilinguismo e da multiculturalidade.

A respeito das questões políticas que envolvem essas ofertas no ensino, Rajagopalan (2014) afirma que precisamos ficar atentos às transformações que a língua estrangeira que ensinamos pode vir a sofrer. Por isso, não há como ensinar uma língua estrangeira sem levar em consideração as questões políticas e ideológicas, bem como os sujeitos envolvidos nos processos pedagógicos.

A seguir, apresentamos uma síntese das principais concepções presentes nos documentos oficiais de ensino como forma de ampliar esse debate.

Quadro 2.1 – Concepções presentes nos documentos oficiais orientadores do ensino brasileiro

	Concepção de língua	Concepção de cultura	Ênfase no ensino
PCN*	♦ Visão sociointeracionista de linguagem; ♦ Construção social do sentido; ♦ Língua como mediadora da aprendizagem.	♦ Cultura heterogênea e complexa; ♦ Pluralidade cultural.	♦ Habilidades comunicativas; ♦ Foco na leitura; ♦ Prática de ensino a partir de tarefas.

(continua)

* Parâmetros Curriculares Nacionais.

(Quadro 2.1 – continuação)

	Concepção de língua	Concepção de cultura	Ênfase no ensino
DCE*	• Língua como discurso; • Práticas discursivas; • Visão bakhtiniana.	• Processo dinâmico e conflituoso de significação em determinado contexto.	• Emprego de gêneros textuais como exemplos de práticas discursivas; • Foco no trabalho com enunciados.
OCEM**	• Língua como prática discursiva socioculturalmente contextualizada; • Constructo social, heterogêneo e polifônico.	• Culturas no plural; • Destaca-se a heterogeneidade cultural; • Socialmente situada.	• Enfoque nos multiletramentos e letramento crítico; • Destaque para a leitura, comunicação oral e prática escrita.
BNCC***	• Língua como construção social, pela qual o sujeito interpreta e reinventa os sentidos socialmente situados.	• Multicultural e hibridizada; • Abordagem intercultural; • Cultura com C maiúsculo (produtos artísticos e culturais).	• Ensino com base em habilidades segundo os eixos organizadores (oralidade, leitura, escrita, conhecimento linguístico e dimensão intercultural).

* Diretrizes Curriculares Estaduais.
** Orientações Curriculares para o Ensino Médio.
*** Base Nacional Comum Curricular.

(Quadro 2.1 – conclusão)

	Concepção de língua	Concepção de cultura	Ênfase no ensino
PNLD*	◆ Língua como fenômeno socio-discursivo situado; ◆ Maneira de interagir e se projetar no mundo; ◆ Língua, cultura e identidade estão interligadas.	◆ Interculturalidade; ◆ Hibridizada e fluida.	◆ Enfoque no ensino por meio de gêneros textuais.

FONTE: Silva, 2020, p. 112-113.

O conhecimento dessas concepções é necessário para o desenvolvimento do fazer docente. A Base Nacional Comum Curricular (BNCC) é um documento normativo e, portanto, é obrigatória sua implementação nos espaços escolares das redes de ensino da educação básica no contexto brasileiro (Brasil, 2017b). Na sequência, apresentamos as seis competências indicadas como propostas a serem desenvolvidas nas escolas no componente curricular de língua inglesa. Vale lembrar que o estudo do documento na íntegra é de fundamental importância no contexto tanto da formação inicial quanto da formação continuada.

1. *Identificar o lugar de si e o do outro em um mundo plurilíngue e multicultural, refletindo, criticamente, sobre como a aprendizagem da língua inglesa contribui para a inserção dos sujeitos no mundo globalizado, inclusive no que concerne ao mundo do trabalho.*

---

* Programa Nacional do Livro e do Material Didático.

2. *Comunicar-se na língua inglesa, por meio do uso variado de linguagens em mídias impressas ou digitais, reconhecendo-a como ferramenta de acesso ao conhecimento, de ampliação das perspectivas e de possibilidades para a compreensão dos valores e interesses de outras culturas e para o exercício do protagonismo social.*

3. *Identificar similaridades e diferenças entre a língua inglesa e a língua materna/outras línguas, articulando-as a aspectos sociais, culturais e identitários, em uma relação intrínseca entre língua, cultura e identidade.*

4. *Elaborar repertórios linguístico-discursivos da língua inglesa, usados em diferentes países e por grupos sociais distintos dentro de um mesmo país, de modo a reconhecer a diversidade linguística como direito e valorizar os usos heterogêneos, híbridos e multimodais emergentes nas sociedades contemporâneas.*

5. *Utilizar novas tecnologias, com novas linguagens e modos de interação, para pesquisar, selecionar, compartilhar, posicionar-se e produzir sentidos em práticas de letramento na língua inglesa, de forma ética, crítica e responsável.*

6. *Conhecer diferentes patrimônios culturais, materiais e imateriais, difundidos na língua inglesa, com vistas ao exercício da fruição e da ampliação de perspectivas no contato com diferentes manifestações artístico-culturais.* (Brasil, 2017b, p. 246)

Entre os aspectos mencionados no documento, podemos destacar alguns como essenciais para o desenvolvimento de uma educação intercultural e crítica, tais como o entendimento do lugar de si e do outro, a utilização de diferentes meios e formas de linguagem, a relação entre língua, cultura e identidade, a ampliação de repertórios linguístico-discursivos e a legitimação da diversidade linguística e dos patrimônios culturais. Nesse sentido, as práticas educativas não podem deixar de possibilitar situações que levem o estudante a refletir sobre seu próprio contexto, bem como o de outras realidades, em sua natureza histórica, política e cultural. Por meio desse exercício, que busca promover o diálogo e a diversidade de saberes, é possível compreender que as experiências são contextuais e históricas e fazem parte do repertório linguístico e cultural dos sujeitos. Nessa perspectiva, uma educação intercultural não pode "ser reduzida a algumas situações e/ou atividades realizadas em momentos específicos nem focalizar sua atenção exclusivamente a determinados grupos sociais" (Santiago; Akkari; Marques, 2013, p. 28). É preciso que seja um elemento constante no currículo escolar, levando-se em conta que o diálogo intercultural não acontece somente entre culturas de países diferentes, por exemplo, mas também entre sujeitos vinculados a uma mesma cultura.

Síntese

Neste capítulo, apresentamos os conceitos de interculturalidade e interculturalidade crítica, bem como a forma como são enfocados nos documentos oficiais de ensino. Entendemos que o conhecimento desses documentos é de fundamental importância para o trabalho pedagógico, por isso, recomendamos sua leitura integral com vistas a um maior aprofundamento de suas relações teórico-práticas. Vejamos outros aspectos abordados:

- Destacamos a problemática do termo *competência intercultural*, que reduz sua complexidade a uma habilidade que dificilmente pode ser mensurada.
- O termo *interculturalidade* também apresenta complexidade em sua definição. Em sentido amplo, ele diz respeito a um processo educativo que reconhece as diferenças culturais, modos de ver e pensar a vida, bem como diferentes maneiras de construir saberes e conhecimentos.
- O conceito de interculturalidade crítica acaba sendo mais adequado para refletir sobre a complexidade das relações interculturais, ao mesmo tempo que se reconhecem as estruturas e as condições de poder que sustentam desigualdades e discriminações entre povos.
- Pensar nas relações ideológicas, políticas e de poder sobre a língua que ensinamos é de fundamental importância para a construção do trabalho pedagógico.

Atividades de autoavaliação

1. Considere a imagem a seguir.

FIGURA A – CONSTRUÇÃO DA BNCC E DAS POLÍTICAS EDUCACIONAIS

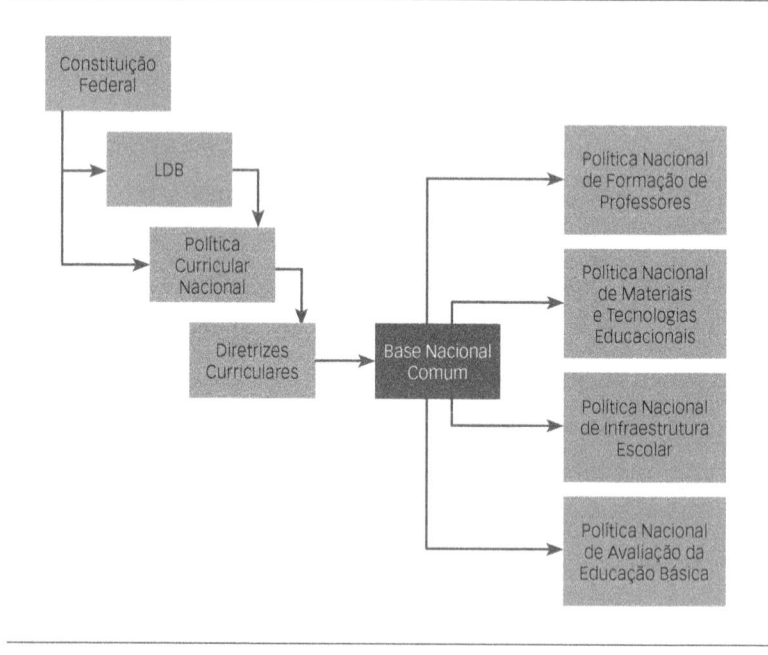

```
Constituição Federal
    ↓
   LDB
    ↓
Política Curricular Nacional
    ↓
Diretrizes Curriculares → Base Nacional Comum → Política Nacional de Formação de Professores
                                              → Política Nacional de Materiais e Tecnologias Educacionais
                                              → Política Nacional de Infraestrutura Escolar
                                              → Política Nacional de Avaliação da Educação Básica
```

FONTE: Brasil, 2016, p. 26.

Analise as asserções a seguir.

I. Existem diferentes níveis na construção de documentos de ensino: municipal, estadual e nacional.
II. A relação entre a LDB e os documentos oficiais é apenas em nível nacional.
III. O documento da BNCC impacta as ações voltadas à formação de professores.

IV. A LDB é um documento obrigatório, e a BNCC é um documento secundário, portanto têm níveis de importância diferenciados.

V. Tanto a BNCC quanto a LDB estão no mesmo nível hierárquico.

Com base na análise da imagem e das asserções, assinale a alternativa que apresenta apenas as afirmativas verdadeiras:

a. I, II e IV.
b. I e III.
c. II, IV e V.
d. II, III e V.
e. I, II e IV.

2. O trecho a seguir revela a visão de língua como discurso. Jordão (2006, p. 30) afirma que a língua, na perspectiva pós-estruturalista,

não é percebida como um código a ser decifrado, um emaranhado de pistas que devemos investigar. Ao invés de mediar nossas relações com o mundo, num mundo supostamente transparente e neutro, [...] [ela] constrói nosso mundo, e não apenas nomeia. Ela constrói discursos, produz efeitos de sentido dissociáveis dos contextos em que se constituem.

Em qual dos documentos a seguir essa visão de língua está presente:

a. PCN e OCEM.
b. DCE e OCEM.
c. PCN e DCE.
d. BNCC e PCN.
e. PNLD e OCEM.

3. Leia o trecho a seguir para responder ao que se pede.

> A chegada da internet tem reformulado o ensino intercultural de línguas para muitos alunos. Mas o desafio para os educadores interculturais de línguas é como combinar o ensino em sala de aula com as oportunidades disponíveis oferecidas na aprendizagem formal e informal. Positivamente, os alunos de hoje têm acesso incomparável a canais de comunicação instantânea e interativa com usuários de inglês em todo o mundo. Nunca antes eles desfrutaram de oportunidades tão ricas para o uso da linguagem "autêntica", considerando diferentes práticas culturais. Por outro lado, experiências desagradáveis presentes nas discussões online podem indicar que os alunos ficam facilmente frustrados quando há quebra de expectativas diante de seus "parceiros eletrônicos", como, por exemplo, o tempo, o entusiasmo e a seriedade que investem em suas interações eletrônicas.* (Corbet, 2009, p. 7, tradução nossa)

Considerando-se o trecho citado, segundo o autor, quais são os desafios de se trabalhar com a interculturalidade?

---

* Original: "The arrival of the internet has already reshaped intercultural language education for many learners. But the challenge to intercultural language educators is how to combine classroom teaching with the manifest opportunities offered for formal and informal learning. On the plus side, learners today have unparalleled access to channels of instant, interactive communication with English users worldwide. Never before have they enjoyed such rich opportunities for 'authentic' language use and the comparison of different cultural practices. On the negative side, unhappier experiences of online discussions can show learners easily becoming frustrated by the different expectations of their 'e-partners', in, for example, the time, enthusiasm, and seriousness that they invest in their electronic interactions" (Corbet, 2009, p. 7).

a. A internet tem facilitado a promoção de um trabalho pedagógico voltado para a interculturalidade, mas as interações interculturais na "vida real" têm sido catastróficas.
b. A internet tem promovido possibilidades pedagógicas interculturais e facilitado o trabalho desses aspectos oferecendo possibilidades ricas em aprendizado tanto em sala de aula quanto fora dela.
c. Vivemos em um mundo intercultural, mas é muito complexo trazê-lo para a sala de aula em razão da falta de recursos disponíveis.
d. As interações eletrônicas são um ótimo exemplo de como a interculturalidade, na verdade, tem se distanciado, promovendo uma grande homogeneização social.
e. Os alunos mostram-se resistentes às práticas interculturais possíveis na internet, e isso impacta o trabalho pedagógico.

4. Considere o trecho a seguir.

O nosso foco agora é na prática dos usuários e não mais no sistema. Então os usuários passam a ter uma importância enorme. Não aceitamos mais o sistema abstrato construído no hipotético falante nativo. O que nós queremos para o ensino de língua estrangeira no nosso contexto é o aluno brasileiro, é o professor brasileiro, é o usuário dessa língua, que não existe mais no singular. No Brasil, para que nós usamos essa língua? Assim, ela deixa de ser a língua no singular. Além disso, uma vez que deixou de ser a língua no singular, deixa de existir a língua como o conceito de língua sempre existiu. Então passamos a pensar a língua como algo nebuloso, sem contornos fixos; mas um conjunto de repertórios e práticas que vão variar de lugar para lugar, de contexto para contexto. (Souza, 2019, p. 247, grifo do original)

Em síntese, qual das alternativas melhor representa a visão do autor?
a. Precisamos ampliar nossa competência intercultural.
b. Precisamos enfatizar a construção de repertórios linguísticos.
c. Precisamos desenvolver nossa competência sociocultural.
d. Precisamos entender que a língua é um código contextualizado.
e. O inglês não é usado apenas por falantes nativos, portanto é uma língua franca.

5. Relacione cada conceito à respectiva definição.

(A) Competência gramatical
(B) Competência sociolinguística
(C) Competência discursiva
(D) Competência estratégica

( ) Capacidade da comunicação verbal e não verbal para a resolução de problemas de compreensão durante as práticas comunicativas. É uma estratégia desenvolvida geralmente por meio de experiências em interações reais.

( ) Capacidade do sujeito de produzir e interpretar diferentes enunciados. Relaciona-se também ao conhecimento sobre adequação textual (oral e escrita).

(   ) Uso apropriado de estruturas linguísticas, regras e organização frasal e vocabular adequada.

(   ) Conhecimento quanto à produção de enunciados apropriados em diferentes contextos, na interação com diferentes interlocutores.

Agora, assinale a alternativa que apresenta a sequência correta:

a. D, A, C, B.
b. A, D, C, B.
c. D, B, C, A.
d. A, B, C, D.
e. D, C, A, B.

Atividades de aprendizagem

Questões para reflexão

1. Quais são os maiores desafios relacionados ao trabalho pedagógico que envolve práticas de interculturalidade crítica em sala de aula? Quais seriam as mudanças mais significativas nesse sentido?

2. Quanto aos documentos oficiais de ensino e às práticas interculturais, quais contribuições eles podem oferecer para o trabalho pedagógico em línguas estrangeiras?

Atividade aplicada: prática

1. Assista à conferência proferida pelo professor Lynn Mario Menezes de Souza e procure identificar:
a. a definição de *interculturalidade* apresentada por ele;
b. a relação entre língua e interculturalidade.

I SIELLI e XIX Encontro de Letras do Câmpus Cora Coralina. 11/11/20. Conferência. UEG TV, 11 nov. 2020. Disponível em: <https://www.youtube.com/watch?v=GQ5VLLhBN3Q&t=4025s>. Acesso em: 26 dez. 2022.

um	Relações entre língua, linguagem e cultura
dois	Interculturalidade e competência intercultural no ensino de línguas
# três	**Dimensões interculturais e interpretativas e os materiais didáticos no ensino de línguas**
quatro	Cultura e relações interculturais no ensino e na aprendizagem de línguas
cinco	Identidade e pluralismo cultural e linguístico
seis	A sala de aula como espaço intercultural e a formação de professores

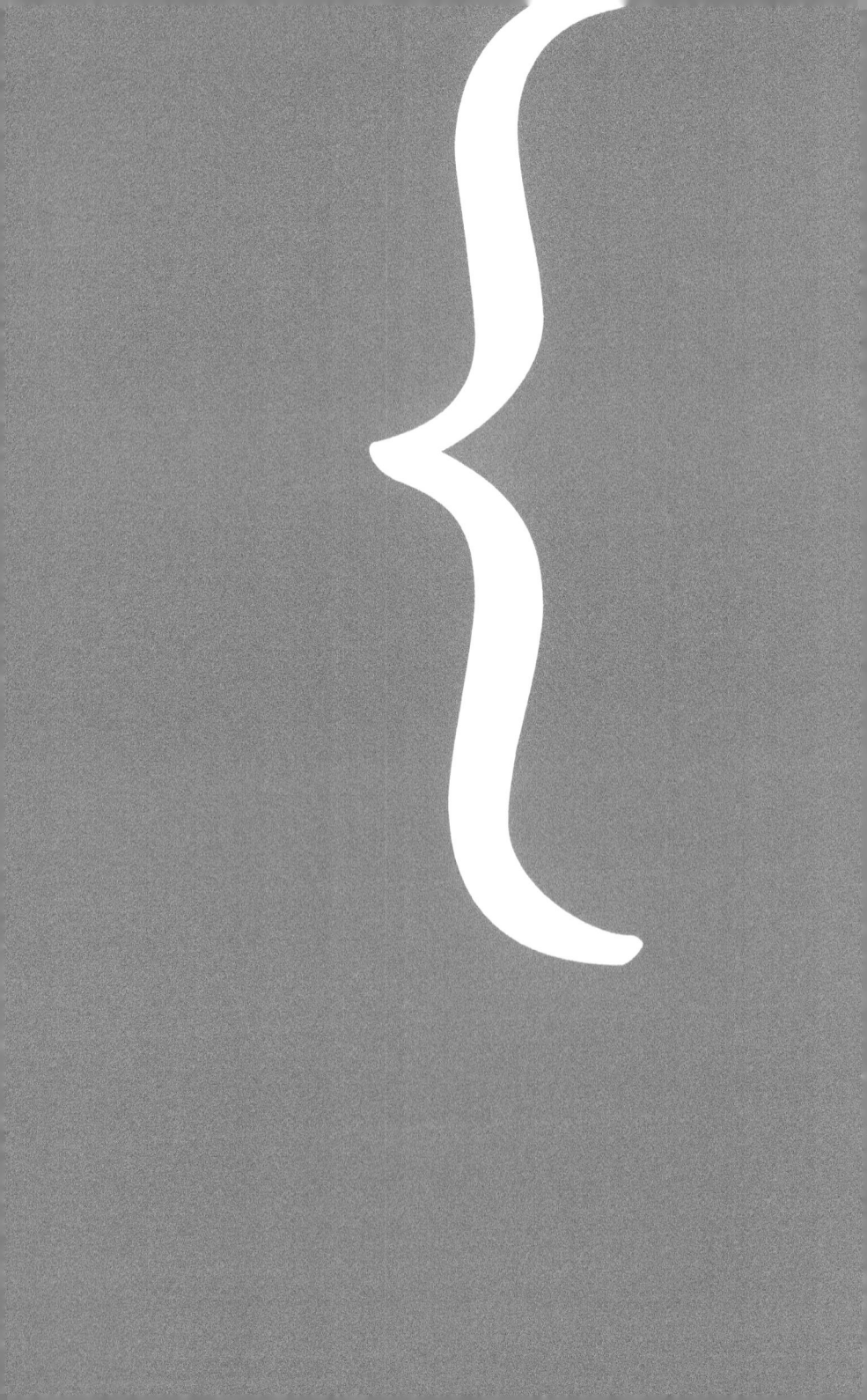

{

❰ NESTE CAPÍTULO, ABORDAREMOS a relação entre a interculturalidade e os materiais didáticos no ensino de línguas, considerando a importância das escolhas do professor com relação aos materiais que utiliza em sala. Nosso propósito é suscitar reflexões sobre como os materiais didáticos podem potencializar, ou não, discussões importantes na construção de uma educação crítica e cidadã.

Em diversos contextos, o livro didático é visto como estruturador da ação didática, definindo metodologias, visões de ensino e avaliação, bem como enfoques teóricos. Por outro lado, o livro didático pode ser entendido como um importante material de apoio para o professor e para o aluno. Diante disso, é preciso pensar como esse material é utilizado nas relações de ensino-aprendizagem e como os aspectos interculturais, identitários e sociais aparecem nos textos e nas propostas apresentadas por seus autores.

Tendo em vista as mudanças sociais recentes relacionadas ao acesso cada vez mais amplo às tecnologias digitais, podemos afirmar que a internet tem se tornado uma grande aliada na disponibilização de materiais que podem integrar o processo de ensino-aprendizagem. É nesse espaço que podemos encontrar uma gama de produções e situações culturais que podem ser utilizadas para fomentar o debate intercultural nas aulas de língua. Nesse sentido, discutiremos, neste capítulo, o papel dos materiais didáticos no ensino de línguas, os conceitos de expansão interpretativa e letramento crítico e as relações entre esses aspectos e uma proposta de ensino intercultural. Entendemos que esse debate é necessário ao buscarmos a promoção de uma formação crítica e engajada tanto por parte dos alunos quanto por parte dos professores.

trêspontoum
O papel dos materiais e do livro didático nas aulas de língua

Os materiais didáticos exercem um papel essencial nas relações de ensino e aprendizagem. Eles são um produto pedagógico cuja elaboração vincula-se a aspectos educativos disponíveis em diferentes suportes e mídias, tais como o impresso, o audiovisual e o digital. A forma como esse material está disponível promove diversos tipos de interação e, consequentemente, diferentes propostas de aprendizagem. Com a popularização da internet, encontramos inúmeros recursos produzidos para fins didáticos, mas também recursos que não foram produzidos com essa finalidade, mas que podem ser utilizados para esse fim. A esse tipo de material atribuímos o nome de *realia* ou *material autêntico*, tais como *folders*, catálogos, *tickets*, correspondências, entre outros provenientes do contexto real de uso de uma língua estrangeira e que passam a ser empregados para fins pedagógicos. O trabalho com esses materiais acaba sendo bastante rico em termos de aspectos culturais, já que são utilizados em contextos reais por usuários da língua-alvo. No entanto, ter à disposição esses materiais que não de maneira digital acaba sendo mais complicado tanto no que se refere ao manuseio, para que se mantenha a preservação do material, quanto no que concerne à forma de se obter uma diversidade que contemple todas as turmas ou tipos de alunos que o professor atende.

Os livros didáticos são um tipo de material bastante popular em diferentes contextos de ensino. Em alguns deles, o livro didático acaba sendo até mesmo um guia que direciona o encaminhamento das aulas, servindo como o currículo a ser materializado nas práticas pedagógicas. Para Kramsch (2017b), o livro didático é um produto cultural e, assim como em qualquer produção, não apresenta a língua e a cultura como estas são em contextos reais. Isso porque os contextos são múltiplos, bem como as construções culturais. O livro representa a visão do autor, que, em inúmeros casos, precisa atender às exigências de editores e do mercado em que está inserido. A autora ainda pontua que há um conjunto de aspectos nessa produção que entram em jogo, tais como os revisores, as demandas das escolas e dos professores, as orientações presentes em editais e documentos oficiais de ensino e, é claro, os alunos que utilizarão esse material. Todo esse conjunto de fatores coloca o livro didático como um produto que envolve pelo menos cinco culturas:

- *a cultura-alvo a ser aprendida (doravante referida como C2), composta pelos comportamentos, eventos e pensamentos esperados por e de falantes nativos na cultura-alvo;*
- *a cultura de origem (doravante referida como C1), composta pelos fenômenos implícitos e explícitos que fazem parte do universo dos educandos;*
- *a cultura educacional do país onde o livro foi publicado, formada por todos os signos do aprendizado institucional (tipo e estrutura do conhecimento apresentado, formato, uso etc.) esperado e imposto aos usuários dos livros didáticos americanos;*
- *a cultura da sala de aula em que o livro é usado, consistindo nas regras esperadas de aluno/aluno e aluno/interação do professor durante a aula;*
- *a intercultura, ou estágios de aquisição de C2 do aprendiz, constituída por um universo em desenvolvimento em que os significados de C1 estão sendo lentamente relativizados à luz de C2, mas C2 é ainda vista com estruturas C1 de significado. (Kramsch, 2017b, p. 17, tradução nossa)*

Conforme destaca Kramsch (2017b), o livro didático é um produto cultural, portanto não é algo que possa ser visto com neutralidade, uma vez que se constitui em uma arena cultural. Isso quer dizer que o uso desse material deve considerar os sujeitos envolvidos no processo de produção e no processo de utilização, entendendo-se que é papel do professor tanto problematizar aspectos apresentados que julgar pertinentes quanto aproximar aspectos que não foram contemplados, buscando outros recursos que estejam vinculados à cultura dos alunos. Ao levar em conta os aspectos culturais, é preciso perceber que a cultura representada nos materiais é um recorte do autor, que pode ter sido feito por uma escolha pessoal ou por uma demanda editorial. O mesmo acontece com as questões linguísticas, os exemplos e os formatos em que são apresentados.

Os livros didáticos também carregam as tendências educacionais vigentes, bem como os métodos e as abordagens presentes no decorrer da história do ensino de línguas. Por isso, um exercício interessante é fazer um estudo de livros didáticos de diferentes épocas para identificar como as questões de método se materializam nas atividades. Como sabemos, os métodos apresentam diversas concepções de ensino, de língua, de avaliação, assim como propõem diferentes papéis para o professor e para o aluno nas interações em sala de aula. Nesse sentido, vale a pena revisarmos alguns dos principais métodos de ensino e suas características para esclarecer melhor esses aspectos e como eles se fazem presentes em livros e materiais didáticos. Vejamos o Quadro 3.1, a seguir.

Quadro 3.1 – Histórico do ensino de línguas estrangeiras

Abordagens	Características
Método da Gramática-Tradução (século XIX)	O objetivo era o estudo de obras literárias com o uso de técnicas para estudar e memorizar regras gramaticais e traduzir frases e textos da língua-alvo para a língua materna e vice-versa. Assim, os textos escritos faziam parte intrínseca das aulas para possibilitar a prática da tradução e, consequentemente, sua compreensão. A ênfase era o ensino da gramática, com a prática da tradução.
Método Direto (fim do século XIX)	Ênfase no ensino da expressão oral, evitando o uso da língua materna, em especial, para tradução. A leitura de um texto era feita primeiramente com a explicação do professor de expressões e itens lexicais desconhecidos por meio de sinônimos, paráfrase, ilustrações etc. O importante era usar a língua-alvo para a explicação. Numa segunda etapa, o texto era lido pelos alunos em voz alta para a prática da pronúncia, já que a expressão oral era o objetivo central do método direto. O trabalho com o texto continuava com perguntas de compreensão, exercícios para a prática de pontos gramaticais, escrita etc.

(continua)

(Quadro 3.1 – continuação)

Abordagens	Características
Método de Leitura--Tradução (1930-40)	O objetivo era a compreensão escrita em virtude da importância e utilidade dessa capacidade para aqueles que aprendem uma língua estrangeira e pela sua facilidade para os aprendizes iniciantes. Assim, a leitura era a única habilidade enfatizada. Outra noção importante era o limite de vocabulário, falando-se, então, em compreensão detalhada em leitura intensiva e compreensão geral em leitura extensiva. Uma das técnicas sugeridas era a tradução.
Método Situacional (1940-1960)	Por meio de princípios e procedimentos sistemáticos para a seleção, gradação e apresentação de aspectos lexicais e gramaticais, a língua-alvo era ensinada por situações. O material era praticado oralmente antes de se passar à forma escrita, a qual só era apresentada com o estabelecimento de uma base lexical e gramatical adequada. Os procedimentos seguiam uma ordem: pronúncia, revisão, introdução de novas estruturas, prática oral e exercícios escritos ou leitura de material.
Método Audiolingual (USA) (1940-1960) estruturalismo	A prioridade continuava na expressão oral, porém a escrita e a leitura não eram marginalizadas. Falava-se em habilidades comunicativas e em processo de aprendizagem por hábito, condicionamento, repetição, imitação, memorização de diálogos sendo a fala o foco das atenções. A exposição à língua escrita acontecia somente após a automatização da língua oral. Portanto, lia-se o que já se conhecia na forma oral.

(Quadro 3.1 – continuação)

Abordagens	Características
Método Audiovisual (UK) (1950)	A ênfase continua na parte oral com a apresentação de um texto gravado ou filmado, demarcando uma situação e um contexto linguístico específico. A seguir, uma explicação do professor e repetição do texto pelos alunos. Em outra fase, os alunos poderiam encenar o texto com suas partes decoradas para depois produzirem seus próprios textos. Somente em uma fase posterior o trabalho com a expressão escrita acontecia.
Sugestologia (de Lozanov)	Em um ambiente confortável, com ênfase no vocabulário, as habilidades eram ensinadas. Os alunos liam o diálogo que era fonte para a produção de novos diálogos. Na sequência, podiam ler textos relacionados ao diálogo.
Método de Curran (Aprendizagem por Aconselhamento)	O ensino de línguas se dava por uma espécie de terapia de grupo. O aluno repetia a frase traduzida pelo professor. Após a repetição, as frases poderiam ser mudadas e gravadas para depois serem ouvidas. Os alunos conversavam sobre o material e estudavam aspectos que o professor escolhesse. O foco era a expressão oral, sendo que a expressão escrita era explorada com base no que já havia sido explorado oralmente.

(*Quadro 3.1 – continuação*)

Abordagens	Características
Método silencioso de Gattegno	O ensino da língua usava bastões e/ou outros recursos para criar as mais diferentes situações de aprendizagem. O professor permanecia em silêncio, ao passo que o aluno manipulava os bastões para a língua-alvo ser adquirida. As quatro habilidades eram tratadas, sendo que a leitura era introduzida com base no que já se aprendera oralmente. Para isso, utilizava-se de um quadro de correspondência entre sons e letras.
Método de Asher (TPR) (Resposta Física Total)	O ensino da língua era baseado em comandos emitidos pelo professor e executados pelo aluno, que passa a produzir os comandos quando se sentir preparado e interessado. A compreensão escrita é tida como uma forma de reforçar o que já foi estudado oralmente.
Método Natural	Aquisição da língua-alvo de forma natural com o desenvolvimento das habilidades em uma ordem natural: ouvir, falar, ler e escrever. Os textos para leitura podem ser escolhidos pelos alunos (de acordo com seus interesses) que procedem com leitura silenciosa. Os textos têm estrutura sintática e lexical com o nível que segue a ordem natural de aquisição.

(Quadro 3.1 – continuação)

Abordagens	Características
Abordagem Comunicativa (1970)	A ênfase está na aprendizagem de competências das quais o aluno pode dispor em situações diversas. A linguagem é tratada a partir de funções usadas para se comunicar em contextos específicos. A leitura pode ser trabalhada a partir do início. Busca-se a integração das habilidades e o tratamento dado a elas implica em resolução de problemas. O processo de aprendizagem requer uma consciência do sistema e do funcionamento da língua por meio de regras, criatividade e prática significativa, envolvendo raciocínio. O procedimento pedagógico sugerido é de apresentação, prática e produção. Em uma atividade de leitura, então, na apresentação, o professor desenvolveria atividades de pré-leitura como predição do conteúdo, discussão do tema, explicação de vocabulário desconhecido. Na segunda fase, os alunos leem o texto, normalmente guiados por perguntas. Outros exercícios de gramática e vocabulário podem ser explorados após a leitura. Na produção, os alunos podem debater o tema ou envolverem-se em quaisquer outras tarefas correlacionadas, praticando também as outras habilidades como a expressão oral e/ou a produção escrita.

(Quadro 3.1 – conclusão)

Abordagens	Características
Abordagem com base em gênero	A linguagem é sócio-histórica e implicada em um contexto ideológico que se materializa entre indivíduos socialmente organizados por meio de enunciações produzidas em situações de interação. O texto é sempre relacionado ao contexto sócio-histórico em que foi produzido e aquele em que o leitor está inserido no momento da leitura. "As dimensões estruturais e linguísticas de um texto são combinadas com fatores extraverbais e de uso para se poder construir sentidos. Portanto, para o processo de compreensão e produção, o sujeito ativa diferentes tipos de conhecimento, tais como: a) conhecimentos sobre a situação de comunicação e da interação que envolvem tanto a produção quanto a leitura do texto; b) capacidades de linguagem para ler e compreender um texto; c) características do texto, do gênero, de sua infraestrutura textual e estruturas linguísticas (Cristovão; Beato-Canato, no prelo)".

FONTE: Cristovão; Canato; Anjos-Santos, 2014, p. 198-200.

É válido lembrar que, quando tratamos de métodos e abordagens, estamos também tratando de perspectivas educacionais e políticas. Tomando como referência os estudos de Kumaravadivelu (2013), podemos afirmar que vivemos na era pós-método, em que o papel do professor passa a ser o de analisar criticamente seu contexto para construir relações de ensino-aprendizagem significativas. Por isso, não há receitas prontas, tampouco materiais ou livros didáticos perfeitos, pois os contextos, bem como os sujeitos, são constituídos historicamente e têm sua bagagem cultural. Na proposta da era pós-método, consideram-se todos esses aspectos, entendendo-se que é preciso analisar o que está disponível e avaliar o que faz sentido no contexto em que se atua. Portanto, o livro didático não deve ser tomado como currículo nem como o único material a ser utilizado, mas como uma ferramenta para potencializar a aprendizagem e possibilitar tanto a sistematização dos conhecimentos a serem trabalhados quanto a promoção da aprendizagem autônoma dos estudantes para além do espaço educacional.

Moita Lopes (2005, p. 33) defende que os professores precisam se perceber diante do papel que exercem a partir do uso dos livros didáticos, compreendendo que "ou colaboram com sua própria marginalização ao se entenderem como professores de língua sem nenhuma conexão com questões políticas e sociais, ou percebem que, pelo fato de trabalharem com linguagem, estão centralmente envolvidos com a vida política e social". Ao considerarmos nosso papel social como professores, partindo da concepção de língua como discurso, devemos nos colocar diante de um trabalho que envolve não apenas o saber linguístico, mas também o caráter político e ideológico dos usos da língua nas diferentes práticas sociais. Se levarmos em conta o conceito de língua em uma concepção pós-estruturalista, ou seja, como prática social que se materializa no discurso e é carregada de ideologias e subjetividades, é incompatível pensar que o ensino de cultura seria um elemento separado das demais práticas discursivas, como leitura, oralidade e escrita. Mas será que os livros didáticos conseguem materializar, de fato, essa concepção?

No Quadro 3.2, Gimenez (2002) sistematiza as principais visões de língua, cultura e ensino, as quais podemos tomar como referência para a análise de materiais didáticos.

Quadro 3.2 – Língua e cultura

Aspecto	Abordagem tradicional	Cultura como prática social	Abordagem intercultural
Cultura	Produtos culturais, e.g. literatura, artes, música	Modo de agir coletivo através da linguagem	Modo de ver o mundo
Língua	Desvinculada de cultura	Estreitamente ligada à cultura	Língua é cultura
Ensino	Aprendizagem sobre fatos	Aprendizagem sobre modos de pensar e agir do Outro	Exploração de um espaço intermediário, pelo contraste entre a língua-cultura própria e língua-cultura-alvo

FONTE: Gimenez, 2002, p. 3.

O quadro de Gimenez (2002) pode ser tomado como parâmetro para analisar as propostas presentes nos livros didáticos – geralmente descritas com maior detalhamento na versão do professor – e a maneira como essas propostas se materializam nas atividades, nos projetos e na escolha dos textos propostos (e se, de fato, fazem isso). Outro aspecto interessante é avaliar quais são as concepções de língua e cultura adotadas ou, ainda, se língua e cultura adotadas são vistas como interdependentes nesses materiais. Ampliando o debate, acreditamos que, assim como defendem Santos e Mastrella-de-Andrade (2017, p. 168), é primordial que o professor procure investigar

> como o livro didático constrói identidades de classe social, quais os significados dessas identidades e como elas podem participar do processo de exclusões no ensino [...] oferecendo parcas posições de identificação para alunos de classes menos privilegiadas [...] negando-lhes um lugar no diálogo em função de uma ausência de marcas identitárias locais.

Considerando as reflexões acerca do papel do livro didático no mundo contemporâneo, Tílio (2017, p. 74-75, tradução nossa) elenca quais seriam os objetivos contemplados por esse tipo de material em suas propostas pedagógicas:

- *ampliar a conscientização dos alunos sobre o papel de uma língua estrangeira no ambiente que os cerca, ajudando-os a se comunicar e construir conhecimento em um mundo multilíngue e multicultural;*
- *reconhecer a aprendizagem de uma língua estrangeira como forma de acesso a bens culturais de outras partes do mundo;*
- *problematizar o papel hegemônico que certas línguas estrangeiras podem desempenhar em determinados contextos sócio-históricos;*

- *fomentar novas formas de se expressar e de ver o mundo, uma vez que o estudo de uma língua abre horizontes para o conhecimento de novos hábitos, formas de agir e interagir (uma maior compreensão dos outros e do mundo plural pode levar os alunos a ressignificar seu ambiente e seu papel como cidadãos, em seu país e no mundo);*
- *criar consciência linguística tanto do conhecimento sistêmico quanto da organização textual, a fim de capacitar os alunos a usar a linguagem adequadamente (em termos de compreensão e produção) em diferentes interações sociais;*
- *proporcionar momentos de comparação e contraste entre os usos da língua em questão e da língua materna do aprendiz, caso não seja esse o alvo do estudo;*
- *desenvolver consciência crítica dos usos da linguagem, direcionando a atenção dos alunos para o fato de que o uso da linguagem envolve escolhas de possibilidades de significados por meio das quais se age no mundo e se colabora para construí-lo;*
- *promover a inclusão social por meio do conhecimento da língua, envolvendo os alunos na construção de significados, a fim de conscientizá-los de que aprender uma língua é aprender a se engajar criticamente nos sentidos produzidos por ela, reconhecendo posições discursivas e tomar consciência da possibilidade de construir novos significados para mudar essas posições e até mesmo reverter possíveis posições de exclusão;*
- *abordar e discutir temas que permeiam a vida social contemporânea.*

Segundo as proposições do autor, o papel do livro didático vai além de considerar aspectos meramente linguísticos, uma vez que a língua, em uma concepção discursiva, é sempre ideológica e política e leva em conta seus contextos reais de produção e recepção. Portanto, ao trabalhar com livros e materiais didáticos, o professor precisa fazer escolhas e encaminhamentos que possibilitem, de fato, um olhar intercultural, envolvendo não apenas culturas de diferentes países, mas também culturas locais que circulam no espaço escolar. Com o objetivo de fomentar as práticas pedagógicas nessa perspectiva, Megale (2022, p. 69) propõe algumas perguntas que podem ser utilizadas no desenvolvimento de propostas interculturais.

Perguntas organizadoras de uma proposta intercultural

1. Como as múltiplas realidades e identidades de meu grupo de estudantes foram consideradas para o desenvolvimento da proposta?
2. Como a temática que se deseja discutir foi problematizada a partir de duas ou mais perspectivas?
3. Como vozes e discursos de comunidades não hegemônicas foram contemplados em minha proposta?
4. Quais recursos de circulação social real foram utilizados para que os estudantes tenham contato com essas diferentes vozes?
5. Ao longo de minha proposta, quais são as representações do Outro que tenho a intenção de discutir, desestabilizar e ampliar?

> 6. Como a proposta se relaciona com as problemáticas enfrentadas pelos estudantes em seus próprios territórios?
> 7. Como a discussão proposta pode transformar o agir da comunidade escolar em relação à problemática discutida?

FONTE: Megale, 2022, p. 69.

trêspontodois
Expansão interpretativa e o conceito de letramento crítico

Ler determinada cultura é um exercício que exige criticidade, reflexividade e responsabilidade. Sob o ponto de vista educacional, o desenvolvimento da leitura é uma tarefa bastante importante e desafiadora e que requer não apenas um olhar voltado para a decodificação, mas também o cuidado diante da maneira com que se constroem sentidos sobre a língua e a cultura do outro.

O trabalho pedagógico que envolve a leitura está vinculado à promoção de diferentes letramentos. Entendido como uma abordagem educacional que pode ser atrelada aos interesses de quaisquer componentes curriculares, o letramento crítico visa à promoção de uma educação crítica e cidadã a qual elege os sujeitos como responsáveis pelas formas como leem e interpretam o mundo. Esses sujeitos não apenas usam a língua para se comunicar nas diferentes práticas sociais, mas também constroem sua realidade a partir dela. Por meio da língua, esses sujeitos são capazes de perceber e de interpretar as relações de poder que são inerentes às práticas sociais.

Rajagopalan (2018, p. 7) observa que "nunca na história da humanidade o pensamento crítico se apresentou como tão necessário em nossas vidas no dia a dia". Essa afirmação é bastante impactante e coerente quando levamos em consideração a velocidade com que se propagam as informações, a maneira como podem ser utilizadas, bem como a responsabilidade que se tem sobre elas. Sob o ponto de vista educacional, desenvolver a habilidade de ser crítico é necessário para a construção de uma convivência social para ser e agir no mundo. Como forma de contrastar as diferenças entre a concepção de ensino tradicional e a proposta apresentada no letramento crítico, reproduzimos o quadro de Lima (2004), no qual a autora sintetiza os respectivos objetivos educacionais, as bases pedagógicas, a seleção de conteúdos, as relações com o conhecimento e as concepções de cultura e identidade.

Quadro 3.3 – Visão tradicional *versus* letramento crítico no ensino de línguas

	Visão tradicional de ensino de línguas	Visão de ensino proposta no letramento crítico
Objetivos educacionais	Concentra-se no uso da linguagem como meio de comunicação. Isso pressupõe que as ideias, independentemente da linguagem, podem ser transmitidas em uma língua estrangeira por meio da aquisição de habilidades comunicativas. A importância do contexto social da comunicação é desvalorizada, e a negociação de significados não é reconhecida.	Tem como foco a prática educativa. O objetivo é ampliar o horizonte dos aprendizes para além de suas comunidades e habilidades linguísticas, permitindo-lhes, criticamente, negociar significados em diferentes contextos.
Bases das escolhas pedagógicas	Unidades, categorias e atividades: gramática, uso da língua, função da linguagem, desenvolvimento da compreensão e produção oral, da leitura e da escrita.	Questionamentos, problemas e conexões: interações "no contexto": Qual contexto? Quais participantes? Quais idiomas? Quais culturas? Quais identidades? De quais realidades? Quais conexões locais/globais? Quais suposições? Quais implicações?

(continua)

(Quadro 3.3 – conclusão)

	Visão tradicional de ensino de línguas	Visão de ensino proposta no letramento crítico
Seleção de conteúdos	Situações cotidianas de grupos específicos de pessoas do alvo cultural usando um "padrão" de linguagem como modelo.	O letramento crítico incentiva os alunos a explorar, criar e negociar significados e a pensar por si mesmos. Portanto, a seleção do conteúdo deve incluir questões/situações relevantes (locais/globais) que são importantes para os alunos.
Relações com o conhecimento	Os professores "sabem", os alunos não sabem. O conhecimento é transmitido pelo professor aos aprendizes. O que é ensinado tem de ser aprendido.	Os professores têm alguns conhecimentos, os alunos têm outros conhecimentos. O conhecimento não é transmitido, mas negociado com base nas necessidades e nos contextos relevantes. Ensinar é a criação de espaços e contextos de aprendizagem.
Cultura e identidade	A cultura é um conjunto fixo de valores, costumes e informação. A identidade é fixa e depende do idioma padrão e da nacionalidade.	A cultura é um conjunto dinâmico de valores que variam de acordo com contextos e grupos sociais. A identidade é múltipla e varia de acordo com a sociedade antecedente, o sexo, a faixa etária e o contexto.

FONTE: Lima, 2006, p. 3-4, tradução nossa.

Na gênese de uma proposta educacional voltada para o exercício crítico estão a problematização e o diálogo. Isso quer dizer que tanto o professor quanto o aluno precisam estar dispostos e abertos a ouvir diferentes perspectivas, agradáveis ou não, ou a correr riscos, como deparar-se com aspectos que causem estranheza ou dispor-se a mudar ou negociar maneiras de interpretar e expressar opiniões. Tais riscos não podem ser reduzidos à prática ou à necessidade de convencer o outro das ideias que apresenta, mas de garantir a manutenção do diálogo. Nesse sentido, Jordão (2013b, p. 362) afirma que "como professores, muito provavelmente não 'aceitaremos' todas as atitudes de nossos alunos, mas temos que garantir a eles a possibilidade de expressá-las sem prejudicar os demais, e sem desprezá-las [...]". Os alunos precisam se sentir confortáveis para expressarem o que pensam, ao mesmo tempo que o professor precisa se sentir confortável para potencializar o debate em sala de aula. Para isso, o exercício da escuta sensível se faz imprescindível para a promoção do desenvolvimento crítico, que

> *diz respeito à problematização, desnaturalização de ideias e conceitos, desconstrução de pensamentos que legitimam violências e reproduzem discursos de ódio, por exemplo. Está relacionado à promoção de condições para que os sujeitos se percebam como responsáveis pelas interpretações que fazem sobre os discursos que circulam no mundo. O confronto entre diferentes perspectivas é um exercício saudável nesse processo desde que haja abertura entre os envolvidos para que o diálogo aconteça.* (Mulik, 2021, p. 136)

Agora, façamos uma análise do que temos discutido neste livro. O que você vê na imagem a seguir? Pare por alguns minutos e, se possível, faça anotações sobre as reflexões que a imagem suscitou.

Figura 3.1 – Reflexos em espelhos

fran_kie/Shutterstock

Em um primeiro momento, podemos identificar um homem que se observa diante de um espelho, cuja imagem se propaga em efeito de *loop*, ou seja, de repetições infinitas. Aqui, convidamos você, leitor(a), a pensar nos reflexos do espelho não como uma mera repetição da imagem, mas como um exercício de expansão interpretativa, entendendo que o que vemos é uma versão e que há muitas outras versões ou situações que acontecem simultaneamente, as quais acabamos não acessando ou não enxergando.

A partir do momento em que identificamos a necessidade de expandirmos as possibilidades de entender e construir sentidos sobre a cultura do outro, compreendemos que é preciso um tempo de observação, de respeito e de cuidado para ler outras maneiras de perceber o mundo. No entanto, uma vez identificadas, não conseguimos mais deixar de vê-las, uma vez que, quando percebemos o outro em sua incompletude e expandimos nossa capacidade de olhar além do que nos parece familiar, acabamos ampliando essas relações, as quais são transformadas por essas novas lentes.

O exercício de expansão interpretativa nos desafia a pensar sobre outras perspectivas e possibilidades, desnaturalizando conceitos, atitudes e posturas. Tendo isso em vista, Monte Mór (2018) sugere a organização do trabalho crítico com base em três perspectivas: individual, comunitária e global. Tais perspectivas buscam promover a expansão das formas de interpretar e construir sentidos diante dos textos e das relações sociais em que os alunos estão inseridos.

A primeira delas, a **perspectiva individual ou pessoal**, tem como objetivo a sensibilização a partir de questionamentos individuais sobre os temas trabalhados. Para tanto, exercícios que envolvem perguntas como "Qual sua opinião?", "O que você pensa sobre isso?" e "Como é essa relação em sua cultura?" são bastante comuns e visam aproximar o estudante da leitura ou temática trabalhada.

Na **perspectiva comunitária**, os estudantes são convidados a pensar sobre a temática considerando os grupos sociais e contextos dos quais fazem parte. Nesse caso, segundo a autora, a proposta é "sensibilizar os alunos para (a)as semelhanças e diferenças e para a percepção de que valores têm origem nos contextos e grupos sociais aos quais cada um pertence" (Monte Mór, 2018, p. 330). Assim, aspectos como espaço geográfico, gênero, classe social e profissão acabam orientando as interpretações feitas sobre um texto ou hábito cultural, possibilitando traçar paralelos e construir identificações.

Por fim, na **perspectiva global**, os estudantes são desafiados a conhecer outras visões sobre determinado assunto, buscando compreender como aquele tema ou questão é visto por culturas que são diferentes da sua. O propósito não é apenas pensar sobre o diferente e demonstrá-lo, mas também procurar compreender as origens dessa forma de pensar levando em consideração sua constituição histórica, social e ideológica.

QUADRO 3.4 – REPRESENTAÇÃO DIDÁTICA DAS PERSPECTIVAS INDIVIDUAL, COMUNITÁRIA E GLOBAL

Perspectivas		
Individual	Comunitária	Global
Como você descreve o local onde mora?	Como outras pessoas que moram ali descrevem esse mesmo local?	Que diferenças você observa entre esse local e outro similar em outras regiões/países?
O que você pensa sobre o tópico X?	O que outras pessoas de sua família/bairro pensam sobre esse tópico X? Pesquise.	O que pessoas de outras regiões brasileiras/outros países pensam sobre o tópico X? Pesquise.

(continua)

(Quadro 3.4 – conclusão)

Perspectivas		
Individual	Comunitária	Global
Você concorda com a opinião do colega?	Descubra o que outras pessoas em seu bairro ou em outro pensam sobre sua opinião/opinião de seu colega.	Pesquise outras perspectivas (de outras regiões, países, culturas) sobre essa opinião/tema.

FONTE: Monte Mór, 2018, p. 331.

Outra proposta didática que pode ser utilizada para contemplar o trabalho com diferentes perspectivas é a construção de um diagrama de ideias. Os estudantes escrevem no centro o tema/tópico a ser discutido e, em seguida, registram quais ideias iniciais eles relacionam com esse tema, ou seja, o que pensam a respeito disso. Depois, devem indicar quais leituras ou pessoas têm influenciado a maneira como pensam sobre esse tópico. Finalizada essa primeira parte, os alunos compartilham seus diagramas com colegas da classe como forma de ampliar a discussão. Na sequência, escrevem quais foram as ideias que surgiram na discussão com seus colegas. Vejamos a representação gráfica dessa atividade na Figura 3.2.

Figura 3.2 – Diagrama de ideias

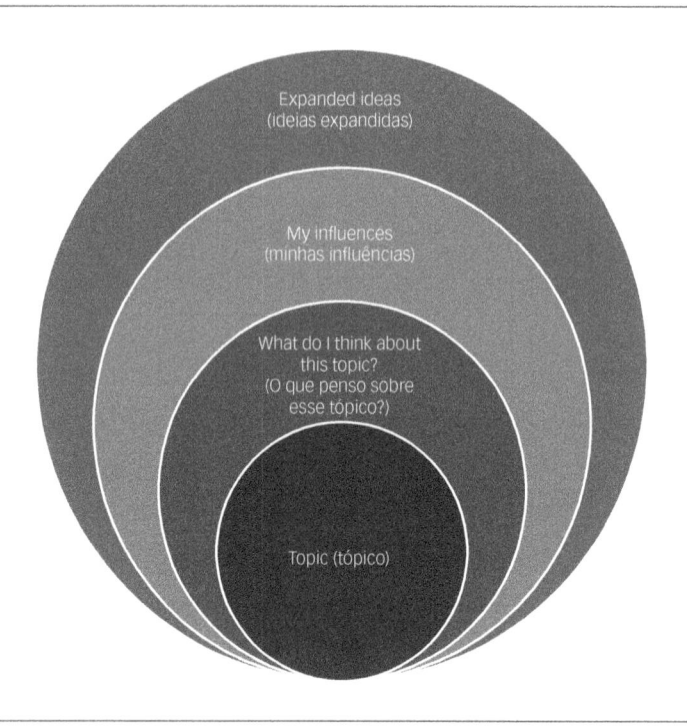

- Expanded ideas (ideias expandidas)
- My influences (minhas influências)
- What do I think about this topic? (O que penso sobre esse tópico?)
- Topic (tópico)

O trabalho pedagógico voltado para o desenvolvimento de letramentos conta com alguns princípios fundamentais. Isso não quer dizer que esses princípios esgotam as discussões sobre a temática, porém, com base neles, é possível desenhar currículos, práticas, avaliações e encaminhamentos pedagógicos mais coerentes com uma educação linguística crítica e intercultural. De acordo com Kern (2000), há pelo menos sete princípios a serem considerados: interpretação, colaboração, convenção, conhecimento cultural, resolução de problemas, reflexão e autorreflexão e uso da língua. Vejamos como o autor define cada um deles:

1. Letramento envolve *interpretação*: autores e leitores participam duplamente da atividade de interpretação – o autor interpreta o mundo (eventos, experiências, ideias e assim por diante) e o leitor então interpreta essa interpretação em termos de sua própria concepção do mundo;
2. Letramento envolve *colaboração*: autores escrevem sempre para um público, mesmo que esse público seja ele mesmo. Suas decisões sobre o que deve ser dito e o que pode não ser são baseadas em sua compreensão sobre esse determinado público. Os leitores, por sua vez, contribuem com sua motivação, conhecimento e experiência para tornar o texto do escritor significativo;
3. Letramento envolve *convenções*: a forma como as pessoas leem e escrevem textos não é universal, mas regida por convenções culturais que evoluem com o uso e são modificadas para fins individuais;
4. Letramento envolve *conhecimento cultural*: leitura e escrita funcionam dentro de sistemas particulares de atitudes, crenças, costumes, ideais e valores. Leitores e autores que operam fora de determinado sistema cultural correm o risco de mau entendimento ou má compreensão por aqueles que operam dentro do mesmo sistema cultural;

5. *Letramento envolve resolução de problemas:* isso porque as palavras estão sempre vinculadas a contextos linguísticos e situacionais, ler e escrever envolve relações entre palavras, entre unidades maiores de significado e entre textos e mundos reais ou imaginários;
6. *Letramento envolve reflexão e autorreflexão:* leitores e autores pensam sobre a linguagem e suas relações com o mundo e consigo mesmo;
7. *Letramento envolve uso da língua:* letramento não está relacionado apenas às práticas de escrita, nem apenas ao conhecimento lexical e gramatical; requer conhecimento de como a linguagem é usada em contextos falados e escritos para criar discursos. (Kern, 2000, p. 16-17, grifo do original, tradução nossa)

trêspontotrês
Diferentes perspectivas sobre leitura

A leitura, como definida tradicionalmente, considera o texto como um objeto a ser decodificado. Os significados dependem apenas do texto, e o leitor não contribui para a construção desses significados. O leitor realiza esse processo de decodificação adicionando partes de forma muito linear. Há valor na ideia de enfatizar o papel do autor e desconsiderar a leitura/interpretação do leitor. Um modelo de ensino fundamentado nessa visão de leitura trata o aluno como sujeito passivo e o professor como único interlocutor textual, pois apenas ele será habilitado para tais tarefas. Portanto, o foco está na decodificação do conteúdo do texto para determinar a verdade exposta pelo autor.

Do ponto de vista da leitura crítica, o processo de leitura é o ato de desvendar diferentes níveis ou graus de ideologia em um texto; tal leitura envolve também a captura das inferências que o autor/produtor do texto estabelece por padrão. Assim, a leitura crítica ocorre em um diálogo entre o leitor e o autor: o primeiro entende as ideias do segundo por meio da linguagem e nela constrói sentido, dúvida, crítica, concordância e discordância. O texto atua como mediador nesse processo, para que o leitor possa construir esses significados a partir do que sabe sobre o mundo (Aguiar, 2003). Nessa perspectiva, a realidade é vista como algo dado, conhecido, servindo de referência, portanto, para a interpretação dos textos. O papel do professor é ajudar os alunos a descobrir a intenção do autor à medida que atingem níveis mais elevados de leitura e interpretação de textos (Cervetti; Pardalles; Damico, 2001). A tarefa é fazer com que os alunos sejam capazes de identificar diferenças entre fatos e opiniões no texto e que consigam perceber as intenções do autor de revelar a verdade existente.

Já na leitura conforme a perspectiva do letramento crítico, reconhece-se que "os sentidos não estão nas formas linguísticas, nem nas estruturas gramaticais: os sentidos estão nas situações de uso, nos momentos concretos em que a língua é trazida à existência das pessoas" (Fogaça et al., 2017, p. 192). Os sentidos são construídos de maneira contingente por meio do discurso, dependendo do sujeito, do espaço e do tempo em que se situam as pessoas envolvidas nessa prática social. Tendo isso em vista, é preciso "ensinar o processo de construção de sentido" (Fogaça et al., 2017, p. 192); logo, a leitura não se resume a uma tarefa de decodificar ou identificar verdades existentes no texto, já que não existe uma verdade única, e as verdades são sempre contextualizadas, uma vez que os significados são sempre múltiplos, históricos e culturalmente posicionados, construídos e debatidos diante de diferentes relações de poder. No letramento crítico, valoriza-se a visão discursiva de linguagem centrada em práticas que consideram a dinâmica do sujeito-aluno-leitor na construção dos sentidos dos textos.

Com base nas conceituações apresentadas, podemos concluir que a maneira como entendemos a leitura afeta as práticas pedagógicas quanto à forma de conduzir as propostas e os tipos de atividades que serão desenvolvidas com os estudantes. A seguir, apresentamos um quadro que ilustra os tipos de perguntas, as estratégias, o foco educacional e o objetivo de cada uma dessas perspectivas de leitura.

Quadro 3.5 – Diferentes perspectivas de leitura

Leitura tradicional	Leitura crítica	Letramento crítico
O texto representa a verdade? É um fato ou uma opinião? É tendencioso ou neutro? Está bem escrito/claro? Quem é o autor e qual é o nível de autoridade/legitimidade que ele representa? O que o autor diz?	Qual é o contexto? Para quem o texto é direcionado? Qual é a intenção do autor? Qual é a posição do autor (sua agenda política)? O que o autor tenta dizer e como ele está tentando convencer/manipular o leitor? Quais afirmações não estão fundamentadas? Por que o texto foi escrito desta maneira?	Quais são os pressupostos e as possíveis implicações dessas afirmações? Como a realidade é definida? Quem define essa realidade? Em nome de quem? Para beneficiar quem? Quais são as limitações ou contradições dessa perspectiva? Como essas afirmações (ou palavras) são interpretadas em diferentes contextos?
Estratégia: decodificação	Estratégia: interpretação	Estratégia: questionamento (crítica)
Foco: mensagem/conteúdo, autoridade e legitimidade do orador e do texto	Foco: contexto da escrita, intenções e estilo de comunicação	Foco: suposições, produção de conhecimento, potência, representação e implicações

(continua)

(*Quadro 3.5 – conclusão*)

Leitura tradicional	Leitura crítica	Letramento crítico
Objetivo: desenvolver o entendimento do conteúdo e/ou para estabelecer a verdade – valor do texto.	Objetivo: desenvolver reflexão crítica (habilidade de perceber intenções e razões).	Objetivo: desenvolver a reflexividade (habilidade de rastrear suposições/ implicações).
Linguagem: é fixa, transparente e nos dá acesso à realidade.	Linguagem: é fixa e traduz a realidade.	Linguagem: é ideológica e constrói a realidade.
Realidade: existe e é facilmente acessada pela percepção sensorial e pelo pensamento objetivo.	Realidade: existe e é acessível, mas geralmente é traduzida em falsas representações.	Realidade: existe, mas é inacessível (em termos absolutos) – nós temos apenas uma interpretação parcial construída pela linguagem.
Conhecimento: universal, cumulativo, linear, certo ou errado, fato ou opinião, neutro ou preconceituoso.	Conhecimento: falso *versus* a verdadeira interpretação da realidade.	Conhecimento: sempre parcial, dependente do contexto (*contingent*), complexo e dinâmico.

FONTE: Andreotti, 2008, p. 44-45, tradução nossa.

trêspontoquatro
Interculturalidade e letramento crítico

Entendemos o letramento crítico como uma abordagem educacional que instiga professores e alunos a repensar seus papéis, suas formas de compreender e negociar sentidos por meio da linguagem e problematizar visões sobre as questões culturais. Acreditamos também que o processo de negociar sentidos implica o exercício de ouvir o outro, já que, sem o exercício da escuta, não há como estabelecer diálogo, tampouco promover qualquer tipo de reflexão. Esse exercício de escuta deve levar em conta as emoções, as afetividades e as subjetividades do outro, uma vez que o ser humano não é apenas racional, mas também um ser emocional que carrega consigo suas subjetividades, que se tornam evidentes em suas formas de se comunicar com o mundo. Assim, consideramos que o exercício de escutar o outro envolve uma grande complexidade, como ensina Souza (2011, p. 138-139, grifo do original):

> A criticidade está em não apenas escutar o outro em termos de seu contexto sócio-histórico de produção de significação, mas também se ouvir escutando o outro. O que resulta desse processo de escutar é a percepção da inutilidade de querer se impor sobre o outro, dominá-lo, silenciá-lo ou reduzir sua diferença à semelhança de nosso "eu"; a escuta cuidadosa e crítica nos levará a perceber que nada disso eliminará a diferença entre

> *nós mesmos e o outro, e nos levará a procurar outras formas de interação e convivência pacífica com as diferenças que não resultem nem no confronto direto e nem na busca de uma harmoniosa eliminação das diferenças.*

Souza (2011) nos convida a refletir sobre o processo de escuta, que requer responsabilidade por nossas interpretações para com os outros. Ler os discursos uns dos outros deve ser uma atitude que possibilita observar nossas diferenças e nossa incompletude para entender quem somos, e não para eliminá-las. O objetivo também não buscar a construção de consensos ou imposição de ideias, mas aprender a negociar significados. Para Biesta (2013), um dos papéis do professor na contemporaneidade é o de fazer perguntas difíceis que levem os estudantes a se pronunciarem de maneira responsiva e responsável. O autor também defende a noção de *coming into presence*, ou seja, de "tornar-se ser", pontuando que o ensino "necessariamente não é um processo fácil e agradável na medida em que se volta para o exercício de desafiar os estudantes, confrontando-os com o outro e com a diferença e lhes trazendo perguntas difíceis" (Biesta, 2005, p. 63, tradução nossa). Ao mesmo tempo que temos a tarefa de instigá-los, também somos responsáveis pelas respostas que são dadas ou, ainda, pelo silêncio diante de algumas provocações.

Talvez, agora, você esteja se perguntando como seria pensar sobre essas questões transpondo-as para o trabalho pedagógico. Diante disso, trazemos como suporte para a organização de propostas didáticas a releitura de Duboc (2012, 2014) elaborada com base em Kalantzis e Cope (2008) ao proporem categorias para as construções para a educação no século XXI. Nessa releitura, Duboc (2012, 2014) explica que as experiências com o conhecido e com o novo servem como preparação para as problematizações que serão conduzidas. As categorizações conceituais propõem um trabalho com a metalinguagem como forma de potencializar o trabalho crítico. É um movimento que visa tomar consciência sobre a maneira como alguns pressupostos são construídos para, futuramente, problematizá-los e desconstruí-los. Nas conexões locais e globais, os alunos são convidados a pensar sobre suas identidades ao mesmo tempo que constroem relações com o outro, entendendo a heterogeneidade existente nas relações humanas. Esse reconhecimento é importante para a promoção da próxima etapa – a expansão de perspectivas –, em que ocorrem a desconstrução e a desnaturalização de visões de mundo. Por fim, a transformação desafia os alunos a compreender por que pensam da maneira como pensam (Souza, 2011) e a perceber a si mesmos em uma relação que vai além de limites geográficos. Essa etapa está relacionada à atitude que se traduz como ação responsável pelas leituras feitas e pelas relações construídas pela linguagem. É válido destacar que essa sistematização é apenas uma sugestão de encaminhamento, e não um método a ser aplicado para se chegar ao trabalho crítico. Como já pontuamos, o letramento crítico é uma abordagem educacional que não prescreve passos ou ações didáticas predeterminadas. No entanto, é possível considerar alguns elementos como essenciais ou ainda potencializadores desse processo para que uma proposta de trabalho com viés crítico possa ser efetivada, como indicado no Quadro 3.6.

Quadro 3.6 – Sistematização para o encaminhamento de um trabalho crítico

Etapa	Procedimento didático
Experiências com o conhecido	Atividades que se voltam para as experiências, os saberes, os interesses e as perspectivas dos alunos.
Experiências com o novo	Atividades que colocam o aluno em contato com novas experiências e perspectivas, convidando-o a conhecer o que não lhe é familiar.
Conceituações e categorizações	Atividades que desenvolvem a capacidade de classificar ou categorizar o conhecimento, definindo o objeto de análise.
Conexões locais e globais	Relação entre os contextos dos textos e materiais trabalhados e o contexto do aluno.
Expansões de perspectivas	Desconstrução de noções naturalizadas; ampliação da capacidade de interpretar; construção de outras perspectivas sobre a temática trabalhada.
Transformações	Reconhecimento da complexidade como inerente às práticas sociais; desenvolvimento de novas posturas diante da temática trabalhada; possibilidade de construir diálogos com base no que foi aprendido.

FONTE: Elaborado com base em Duboc, 2012.

A proposta de Duboc (2012) nos ajuda a visualizar possibilidades pedagógicas ao buscarmos desenvolver práticas que permeiam uma perspectiva crítica e intercultural. Um exemplo são as atividades que tratam a língua para além de sua função comunicativa, fazendo com que os estudantes se posicionem diante da temática e integrem múltiplas vozes ao mesmo tempo que desnaturalizam ideias e concepções preestabelecidas. No próximo capítulo, avançaremos em nossa discussão refletindo sobre as relações interculturais diante de estereótipos, conflitos e choques culturais.

Síntese

Neste capítulo, abordamos a relação entre a interculturalidade e o papel dos materiais didáticos no ensino de línguas. Como pontos importantes, destacamos:

- O livro didático é um produto cultural construído com bases teóricas e ideológicas. Nesse sentido, é fundamental analisar as propostas presentes, buscando-se compreender de que maneira elas potencializam, ou não, uma aprendizagem crítica e intercultural.
- Os livros didáticos refletem também métodos e abordagens que fizeram parte da história do ensino de línguas. Esses métodos e abordagens, por sua vez, carregam concepções de ensino, língua e aprendizagem. No entanto, ao pensarmos na ideia de pós-método (Kumaravadivelu, 2013), precisamos sempre compreender as necessidades pedagógicas locais para as tomadas de decisão, e isso inclui uma análise profunda sobre os materiais didáticos que utilizamos e as concepções em que se baseiam.
- O exercício de expansão interpretativa inserido em propostas educacionais críticas é primordial quando pensamos na ampliação do diálogo intercultural em sala de aula.

Atividades de autoavaliação

1. Considere o trecho a seguir para responder ao que se pede.

   No Brasil, o método foi introduzido nos anos 1950, especialmente nos centros culturais de língua inglesa que literalmente começaram a importar materiais e técnicas de ensino do exterior. Aliás, o método apoiava-se fortemente nos materiais, não somente no livro didático, mas também em materiais auditivos e visuais como fitas, filmes etc., através dos quais o insumo linguístico era apresentado. A sequência das aulas era rigidamente predeterminada e o professor apenas aplicava o pacote de materiais de acordo com o programa de ensino. Você já percebeu que, de vez em quando, as pessoas se referem ao material didático como "método"? (Uphoff, 2008, p. 11)

   Com base na leitura, qual seria a visão do autor sobre o uso do livro didático?
   a. O livro didático é um suporte para o professor, que tem total autonomia quanto à sua utilização.
   b. O livro didático faz parte de vários contextos de ensino, mas deve ser utilizado com parcimônia.
   c. O livro didático tem sido compreendido como método de ensino.
   d. Não há método de ensino sem uso de livro didático.
   e. No Brasil, o livro didático começou a fazer parte do ensino na década de 1950.

2. Sobre o conceito de interculturalidade, assinale a alternativa que apresenta a definição correta:
a. A interculturalidade pode ser vista como um meio de vivenciar a cultura de outra pessoa e se interessar em aprender mais sobre os aspectos culturais que envolvem o indivíduo e sua comunidade; assim, preza valores como respeito, cidadania, igualdade, tolerância, educação, democracia e direitos humanos.
b. A interculturalidade pode ser vista como um meio de vivenciar a cultura de outra pessoa e se interessar em aprender mais sobre os aspectos culturais que envolvem o indivíduo e sua comunidade; assim, procura promover o apagamento de conflitos, já que eles não são saudáveis para as relações interculturais.
c. A interculturalidade pode ser vista como um meio de vivenciar a cultura de outra pessoa; assim, procura promover a troca linear e mútua entre os envolvidos no encontro cultural, bem como cultiva a tolerância, colocando-a como objetivo final a ser alcançado.
d. A interculturalidade é, de fato, um meio de vivenciar a cultura de outra pessoa e se interessar em aprender mais sobre os aspectos culturais que envolvem o indivíduo e sua comunidade; no entanto, tem sido um fenômeno pouco estudado atualmente.
e. A interculturalidade não pode ser vista apenas como um meio de vivenciar a cultura de outra pessoa e se interessar em aprender mais sobre os aspectos culturais que envolvem o indivíduo e sua comunidade; no entanto, os materiais didáticos raramente enfatizam esses elementos em suas propostas.

3. A respeito da educação crítica, assinale a alternativa correta:
a. No exercício da leitura crítica, na perspectiva do letramento crítico, o questionamento sobre a gênese de como construímos nossas leituras ou a compreensão do motivo pelo qual lemos da forma que lemos é primordial.
b. O desenvolvimento crítico é uma atribuição que não faz parte da educação contemporânea, portanto não tem relação com a aula de línguas.
c. O exercício de leitura crítica exige que o conhecimento linguístico seja bastante avançado, pois não há como ser crítico sem saber a língua com propriedade.
d. A promoção da reflexão constante é um exercício crítico que deve fazer parte apenas dos estágios finais de aprendizagem.
e. O trabalho voltado para uma educação crítica deve fazer parte apenas de alguns componentes curriculares.

4. Analise as afirmações a seguir e marque ET para ensino tradicional e EC para ensino crítico.
( ) Considera que a cultura é um conjunto fixo de valores, costumes e informação. A identidade é fixa e depende do idioma padrão e da nacionalidade.
( ) Recorre ao uso de situações cotidianas de grupos específicos de pessoas do alvo cultural usando um "padrão" de linguagem como modelo.
( ) Considera que a cultura é um conjunto dinâmico de valores que variam de acordo com contextos e grupos sociais.

( ) Reconhece que a identidade é múltipla e varia de acordo com a sociedade antecedente, o sexo, a faixa etária e o contexto.
( ) Incentiva os alunos a explorar, criar, negociar significados e a pensar por si mesmos.

Agora, assinale a alternativa que apresenta a sequência correta:
a. ET, EC, ET, EC, EC.
b. EC, ET, ET, EC, EC.
c. EC, EC, ET, EC, ET.
d. ET, ET, EC, EC, EC.
e. EC, ET, EC, ET, EC.

5. Sobre as questões culturais contempladas no livro didático, é possível afirmar:
a. O livro didático é um produto cultural que apresenta a língua e a cultura como estas são em contextos reais.
b. O livro didático não consegue contemplar todos os contextos, já que eles são múltiplos.
c. Os livros didáticos de maior qualidade geralmente são os produzidos por grandes editoras internacionais.
d. O livro didático contempla a visão do autor, que tem total autonomia sobre suas escolhas.
e. A cultura do aluno é considerada na produção do material, mas a dos professores acaba sendo mais enfatizada.

Atividades de aprendizagem

Questões para reflexão

1. O trecho a seguir é a descrição de uma atividade proposta para uma aula de língua inglesa. Após a leitura, procure identificar na atividade: (a) a concepção de língua apresentada; (b) como as questões foram abordadas; (c) se a proposta representa um encaminhamento voltado para o desenvolvimento crítico; e (d) as modificações que você faria a partir do que foi proposto.

> Distribuímos folhas de exercícios para os alunos contendo fotos de seis casas diferentes e solicitamos que eles tentassem identificar a quais países elas pertenciam. Com o auxílio de um mapa-múndi colocado no quadro, os alunos identificaram os locais exatos e a partir desses dados, escrevemos no quadro um levantamento das sugestões dadas pelos alunos de características para cada um dos lugares mostrados: Japão, Brasil, Itália, Etiópia, Austrália e Alasca. [...]
>
> A partir de uma visão global, os alunos puderam refletir sobre outros contextos de moradia e sobre seus próprios. Em outras palavras, questionamos se eles identificavam a existência de casas muito diferentes no bairro em que moravam e buscamos explicações geográficas, culturais e econômicas para justificar essas disparidades.

> No exercício seguinte, de foco linguístico, os alunos deveriam olhar as fotos das seis casas do exercício anterior e colocar o(s) número(s) da(s) figuras(s) que possuía(m) o elemento descrito como *there is / there are*. Por exemplo, havia a frase *"There is water"* e os alunos deveriam relacioná-la às figuras [...].

FONTE: Jordão et al., 2013, p. 58.

2. Quais experiências pessoais e/ou pedagógicas você já vivenciou que puderam expandir suas visões/perspectivas sobre outras culturas? Como a ideia de expansão de perspectivas, apresentada por Monte Mór (2018), pode ser desenhada em propostas pedagógicas no contexto do ensino de línguas?

Atividades aplicadas: prática

1. Você utiliza ou já utilizou materiais didáticos específicos para o ensino de línguas estrangeiras? Como as questões culturais aparecem nesses materiais? Quais culturas estão em destaque? Por que você acredita que foram feitas essas escolhas?

2. Selecione alguns livros didáticos voltados para o ensino de línguas estrangeiras de diferentes épocas e procure identificar como as relações culturais são representadas nesses materiais. Comente se você percebe algum tipo de evolução em termos de uma maior contemplação de aspectos culturais e as motivações relacionadas a essa mudança.

{

um	Relações entre língua, linguagem e cultura
dois	Interculturalidade e competência intercultural no ensino de línguas
três	Dimensões interculturais e interpretativas e os materiais didáticos no ensino de línguas
#quatro	Cultura e relações interculturais no ensino e na aprendizagem de línguas
cinco	Identidade e pluralismo cultural e linguístico
seis	A sala de aula como espaço intercultural e a formação de professores

{

> "Histórias importam.
> Muitas histórias importam.
> Histórias têm sido usadas para expropriar
> e ressaltar o mal. Mas histórias podem
> também ser usadas para capacitar e hu-
> manizar. Histórias podem destruir a dig-
> nidade de um povo, mas histórias também
> podem reparar essa dignidade perdida."
> (Adichie, 2009)

❰ A EPÍGRAFE DESTE capítulo é de autoria da escritora nigeriana Chimamanda Ngozi Adichie. O trecho foi proferido na palestra intitulada *The danger of a single story* (*O perigo da história única*), na qual ela chama atenção para a forma como as histórias dos povos são contadas e para o perigo de conhecermos apenas um lado delas. Seu discurso é construído com base em relatos pessoais que ilustram diferentes histórias construídas sobre ela, mas também histórias que ela construiu sobre os outros. O que essas histórias têm em comum? Elas revelam uma versão única, uma visão que constrói relações estereotipadas sobre o outro, bem como a necessidade de expandirmos nossas perspectivas. Em suas palavras, "a história única cria estereótipos, e o problema com os estereótipos não é que sejam mentira, mas que são incompletos. Eles fazem com que uma história se torne a única história" (Adichie, 2009).

Um ponto-chave destacado por Adichie é que os estereótipos não trazem, de fato, uma ideia necessariamente falsa. Podemos tomar como exemplo o aspecto recorrente de associar a cultura brasileira ao samba e ao futebol. Fazer essa associação não implica imprimir uma visão distorcida da cultura brasileira, mas desconsidera a riqueza que nossa cultura apresenta e deixa de contemplar outros elementos. Nesse sentido, vamos refletir neste capítulo sobre as implicações pedagógicas dos estereótipos e os conflitos e choques culturais.

quatropontoum
Conceito de estereótipo e modelo cultural

"Ingleses tomam chá às cinco."
"Brasileiros gostam de samba e futebol."
"Franceses não gostam de tomar banho."
"Italianos falam com as mãos."
"Americanos só comem *fast-food*."
"Todo japonês é estudioso."

O que essas sentenças têm em comum? Que tipo de visão cultural elas representam? Você já ouviu algumas delas nos espaços sociais em que circula? Como é possível perceber, todas apresentam uma visão generalizante sobre um povo ou grupo social. Elas são comumente utilizadas em espaços midiáticos e até mesmo escolares. Mas haveria algum problema em utilizar esses enunciados para definir a cultura de um povo?

Primeiramente, a maneira como esses povos estão sendo representados é bastante limitante, pois carregam um rótulo reduzido a comportamentos, como se aquele que não se identifica como tal não fizesse parte dessa ou daquela cultura. Quando pensamos ou tentamos definir uma cultura, corremos o risco de criar uma visão genérica e, até mesmo, estereótipos. Para Kawachi e Lima (2013, p. 96-97), a associação entre

> *identidade social e práticas culturais (culinária, vestuário, artes e etc.) [...] não representa, por si só, um estereótipo. O problema da inclusão de apenas imagens culturais "tradicionais" [...] (especialmente em LDs) está na desconsideração de práticas culturais de grupos marginalizados em prol da apresentação somente de expressões legitimadas que favoreçem os interesses exclusivamente de uma classe dominante.*

Desse modo, como professores de línguas, precisamos estar sempre alertas para a ocorrência de generalizações culturais, tendo em vista que os materiais didáticos que utilizamos ou a forma como trabalhamos podem acabar reproduzindo e reforçando estereótipos tanto de culturas externas quanto de culturas locais, nas quais nossos alunos estão inseridos.

Entendemos que o conceito de estereótipo se aproxima da noção de modelo cultural proposta por Gee (1999, p. 60, tradução nossa):

> *Modelos culturais são como "filmes" ou "fitas de vídeo" na mente, fitas de experiências que tivemos, vimos, lemos ou imaginamos. Todos nós temos um vasto estoque dessas fitas, os registros editados (e, portanto, transformados) de nossas experiências no mundo ou com textos e mídias. Tratamos algumas dessas fitas como se retratassem pessoas, objetos e eventos prototípicos (o que consideramos "normal"). Nós, convencionalmente, tomamos essas fitas "prototípicas" como o mundo "real", ou agimos como se fossem, ignorando muitas das complexidades do mundo [...].*

Os modelos culturais, assim como os estereótipos, acabam trazendo concepções reducionistas que levam a entendimentos limitantes e rasos. É preciso considerar que nem sempre estamos conscientes dos modelos culturais que utilizamos, tampouco conseguimos perceber as implicações desses pensamentos. Diante disso, a prática pedagógica que busca problematizar e estimular os aprendizes a compreender a gênese de seus modelos culturais, desafiando-os a expandir suas perspectivas, é cada vez mais necessária no mundo multicultural, diverso e complexo em que vivemos, a fim de promover uma educação mais humana e sensível para com o outro. Para isso, uma proposta de educação intercultural não deve ficar reduzida a momentos específicos ou limitada a apenas alguns componentes curriculares. Ela se faz de modo articulado, englobando aspectos sociais e históricos dos próprios sujeitos inseridos no processo educativo. Assim, conhecer os aprendizes, suas identidades e suas perspectivas é fundamental para que seja possível compreender como eles constroem suas leituras de mundo e como essas leituras podem ser ampliadas, problematizadas e ressignificadas.

Rocha (2012) apresenta alguns exemplos de como essa reflexão pode ser incorporada nas práticas pedagógicas. Ao trabalharmos o Halloween, que é uma festa tipicamente vinculada ao ensino de língua inglesa, podemos relacioná-lo a questões nacionais como o Saci, integrante do folclore brasileiro. A autora nos faz provocações nesse sentido lançando alguns questionamentos: "Como seria o Halloween do Saci? O que e como seria um Saciween? O que faria o Saci em terras estranhas? Quais as provocações que ele faria e quais as transformações que esse conto possivelmente causaria?" (Rocha, 2012, p. 136). Rocha (2012, p. 136) nos convida a "sair da superfície" e buscar a promoção de outros encontros culturais e, por que não, desencontros, já que nem sempre essas aproximações se dão numa relação harmoniosa ou sem estranhamentos. Assim, devemos levar em consideração os atravessamentos, as tensões e os conflitos que esses contatos podem trazer.

O currículo, o material didático e os documentos oficiais que orientam o processo pedagógico refletem a visão daqueles que o construíram, entendendo sempre a língua como ideológica e política. Diante disso, é preciso estar alerta ao que é enfatizado ou, ainda, ao que não está contemplado nesse conjunto de materiais. Em muitas situações, os alunos acabam não sendo representados no material didático utilizado, por exemplo, por isso cabe ao professor perceber como inserir a cultura do aluno na proposta a fim de promover um diálogo intercultural e uma educação significativa. É nesse sentido que concordamos com Souza et al. (2022, p. 240) ao defenderem que existe uma forte "necessidade do professor também se ver como um produto da história; uma história diferente da história do seu educando; acho importante o professor poder identificar os conflitos entre a sua história e a história do educando". Nessa relação de troca estabelecida entre professor e aluno, os referenciais construídos por meio das experiências de vida, das leituras, dos contextos de convivência, dos grupos sociais dos quais ambos fazem parte entram em cena, proporcionando também um encontro intercultural à medida que ambos se consideram iguais diante de sua capacidade de construir saberes e significados.

> *O desafio está em promover situações em que seja possível o reconhecimento entre os diferentes, exercícios em que promovamos o colocar-se no ponto de vista, no lugar sociocultural do outro, nem que seja minimamente, descentrar nossas visões e estilos de afrontar as situações como os melhores, os verdadeiros, os autênticos, os únicos válidos. Para isso é necessário promover processos sistemáticos de interação com os **outros**, sem caricaturas, nem estereótipos. Trata-se também de favorecer que nos situemos como **outros**, os **diferentes**, sendo capazes de analisar*

nossos sentimentos e impressões. É a partir daí, conquistando um verdadeiro reconhecimento mútuo, que seremos capazes de construir algo juntos. Nessa perspectiva, é necessário ultrapassar toda visão romântica do diálogo intercultural e enfrentar os conflitos e desafios que supõe. (Candau, 2014, p. 40, grifo do original)

Os estereótipos geralmente não estão ligados a uma experiência pessoal, mas a uma visão social construída e reproduzida que acaba reforçando visões distorcidas ou, ainda, rótulos que podem afastar qualquer tipo de aproximação entre grupos, podendo desencadear diferentes tipos de violência, discriminação e preconceito. A legitimação de estereótipos faz com que grupos sociais acabem se sentindo e se colocando como superiores a outros. O mesmo acontece com relação a aspectos culturais em situações nas quais alguns povos se sustentam como superiores a outros, provocando guerras e confrontos. É nesse sentido que se faz fundamental um trabalho pedagógico envolvendo a problematização e as implicações dos estereótipos. A seguir, apresentamos duas propostas que visam exemplificar o trabalho pedagógico que problematiza questões discutidas nesta seção.

Proposta didática 1

Tema: *English speaking countries* (Países falantes de língua inglesa)

Nesta sugestão de encaminhamento, os estudantes vão aprender sobre países falantes de língua inglesa. Como atividade de *warm-up* (aquecimento), peça aos alunos que desenhem como eles representam a língua inglesa. Possivelmente, muitos vão trazer, em suas representações, pontos turísticos famosos, *fast-foods*, bandeira dos Estados Unidos e/ou da Inglaterra, entre outros elementos simbólicos que são bastante utilizados no espaço midiático. Depois disso, solicite aos alunos que pensem sobre os lugares que eles conhecem que falam inglês como língua materna ou como língua franca. Em seguida, faça um levantamento usando o quadro ou alguma ferramenta digital para identificar as respostas fornecidas.

Uma variação para essa atividade pode ser a construção de uma nuvem de palavras (utilizando o *site* <https://www.mentimeter.com/pt-BR>, por exemplo), já que as palavras – no caso, os países – com maior recorrência aparecerão automaticamente em destaque.

Após esse levantamento, converse com os alunos sobre suas respostas, questionando o porquê de alguns lugares serem mais lembrados do que outros. Vejamos algumas questões que podem ser pertinentes para esse momento:

- O que levou você a representar a língua inglesa dessa maneira?
- Como você acredita que foi influenciado por essa construção/representação?

- Quais visões de cultura geralmente são relacionadas a esses países?
- Quais implicações essas visões trazem para as relações estabelecidas na aprendizagem de inglês?
- Qual é a representatividade da língua inglesa no mundo?
- Por que as outras línguas não têm essa mesma representatividade?
- Quais são as culturas popularmente relacionadas à língua inglesa?
- Por que essas culturas têm mais visibilidade do que as outras?

Na sequência, é importante mostrar a eles outros lugares que também utilizam o inglês e geralmente são esquecidos, tais como Paquistão, Índia, Tanzânia, Nigéria, Jamaica, Libéria e Guiana. A partir disso, os alunos podem buscar algumas informações culturais sobre esses lugares. Nesse exercício, é interessante que o professor oriente para que a busca não se reduza à cultura dominante desses lugares, pois a ideia é justamente expandir perspectivas. Para isso, instigue os alunos a procurar informações em redes sociais, canais do YouTube ou *vlogs*. Uma atividade que pode ser pertinente é fazê-los procurar alguém desses países para conversar, seja por *chat*, seja por videochamada. Motive os estudantes a fazer essa interação e trazer para a aula o que aprenderam sobre a cultura desses países.

Para ampliar a atividade e deixar o exercício ainda mais rico, procure discutir como a cultura dominante desses países é representada, comparando as informações apresentadas nas interações.

Proposta didática 2

Tema: Estereótipos culturais

Nesta proposta, os estudantes são convidados a refletir sobre estereótipos culturais relacionados à cultura brasileira a partir do episódio *"Blame It on Lisa"* ("Culpe a Lisa"), dos *Simpsons* (2002). Esse episódio narra a história da vinda da família Simpsons ao Brasil motivada pelo recebimento de uma carta de um órfão brasileiro apadrinhado por Lisa. Ao buscarem pelo garoto que estaria desaparecido, percorrem a cidade do Rio de Janeiro e, nessa busca, Homer acaba sendo sequestrado, com a exigência de 50 mil dólares para sua libertação.

No episódio, vários estereótipos integram a trama, desde a questão linguística – já que eles pensam que no Brasil se fala espanhol – até as formas como os programas infantis televisivos são apresentados, além de outros elementos culturais construídos sob a perspectiva dos produtores do desenho. Após essa breve contextualização, sugerimos os seguintes encaminhamentos:

- Antes de iniciar o trabalho, pergunte aos alunos se eles sabem definir a palavra *estereótipo*.
- Peça que listem alguns tipos de estereótipos dos quais já ouviram falar e que cada um compare sua lista com as de seus colegas.
- Comente com os estudantes que eles vão assistir a um episódio que se passa na cidade do Rio de Janeiro e distribua cópias do roteiro a seguir (Quadro 4.1) para que respondam às questões.
- Por fim, promova um debate a partir das respostas apresentadas pela turma.

Quadro 4.1 – Roteiro para atividade reflexiva (estereótipos culturais)

Stereotypes about Brazil on the Simpsons' view	Estereótipos sobre o Brasil na visão dos Simpsons
1. Why do you think people want to come to Rio? 2. What places do you think tourists want to visit in Rio? 3. What do you think tourists want to do in Rio? 4. How do you think non-Brazilian people view Brazil? 5. How do you view Brazil? 6. What's your opinion about stereotypes? Para responder as questões acima, em inglês, você pode utilizar as expressões abaixo: "I think..." "In my opinion..." "I guess..." "I could observe in the film some stereotypes about Brazil like..." "In my point of view..." "For me..."	1. Por que você acha que as pessoas querem vir para o Rio? 2. Que lugares você acha que os turistas querem visitar no Rio? 3. O que você acha que os turistas querem fazer no Rio? 4. Como você acha que os não brasileiros veem o Brasil? 5. Como você vê o Brasil? 6. Qual sua opinião sobre estereótipos? Para responder as questões acima, você pode usar as expressões abaixo: "Eu penso..." "Na minha opinião..." "Eu acho..." "Pude observar no filme alguns estereótipos sobre o Brasil, como..." "No meu ponto de vista..." "Para mim..."

FONTE: Edmundo, 2013, p. 157, tradução nossa.

Como forma de expandir o debate, recorremos ao questionamento proposto por Edmundo (2013) ao apontar que os elementos apresentados no episódio podem ser interpretados não apenas como estereótipos, mas também como discriminação. Nesse sentido, convide os estudantes a refletir sobre o que define algo como estereótipo ou discriminação ou, ainda, se os estereótipos podem se configurar como um tipo de discriminação ou não. Com base nessas reflexões, os alunos podem buscar identificar outros estereótipos que circulam em seus meios sociais para fazer uma produção textual ou multimodal problematizando a temática e ampliando o debate.

quatropontodois
Conflitos e choques culturais e o ensino de línguas

Os conflitos são inerentes à convivência social e cultural, pois somos seres com formações identitárias e visões de mundo diferentes. Nesse sentido, a educação tem o papel fundamental de problematizar as eventuais motivações que desencadeiam choques e conflitos culturais para que o estudante perceba e valorize as diferenças, não no sentido de buscar apagá-las, mas de aprender a conviver e evoluir com elas como sujeito.

Gestos, formas de se vestir e comportamentos representam perspectivas e sentidos diferentes a depender da cultura em que estão inseridos. A cultura é uma questão que envolve o processo social, ou seja, algo pode soar natural para os sujeitos que estão inseridos em um mesmo processo, mas para aqueles externos ou alheios a esse processo pode soar como estranho ou diferente.

É muito comum encontrarmos textos com formatos de guia para evitar os choques culturais em uma viagem, por exemplo. As recomendações mais comuns estão relacionadas à realização de pesquisas prévias sobre os hábitos culturais locais, as formas de alimentação e os comportamentos recorrentes. Mas será que esses guias realmente têm efetividade? Será que uma pesquisa na internet seria suficiente para compreender as formas culturais do outro? É desejável evitar os conflitos culturais ou eles têm uma função no sentido de serem uma forma de desenvolvermos e potencializarmos nossas aprendizagens nas relações interculturais?

Para iniciar o trabalho sobre a temática relacionada a conflitos e choques culturais, sugerimos a atividade a seguir (Quadro 4.2). O objetivo é apresentar as situações da atividade questionando como os estudantes as percebem em sua cultura, mas também ampliar a gama de situações pedindo que construam outros exemplos.

QUADRO 4.2 – COMPARANDO COMPORTAMENTOS EM DIFERENTES CULTURAS

Tema: Gestos		Theame: Gestures	
Tipo de comportamento	Não rude / Muito rude 0 1 2 3 4 5		Not rude / Very rude 0 1 2 3 4 5
a) Tocar a cabeça de alguém	0 1 2 3 4 5	a) Touching someneo's head	0 1 2 3 4 5

(continua)

(Quadro 4.2 – conclusão)

Tema: Gestos		Theame: Gestures	
b) Limpar a garganta e cuspir	0 1 2 3 4 5	b) Clearing yout throat and spitting	0 1 2 3 4 5
c) Assoar o nariz na frente dos outros	0 1 2 3 4 5	c) Blowing your nose in front of others	0 1 2 3 4 5
d) Mostrar as solas dos pés	0 1 2 3 4 5	d) Showing the soles of your feet	0 1 2 3 4 5
e) Olhar alguém diretamente nos olhos	0 1 2 3 4 5	e) Looking someone directly in the eye	0 1 2 3 4 5
f) Passar comida com a mão esquerda	0 1 2 3 4 5	f) Passing food with the left hand.	0 1 2 3 4 5
g) Piscar para alguém	0 1 2 3 4 5	g) Wiking at someone	0 1 2 3 4 5
h) Comer de boca aberta	0 1 2 3 4 5	h) Eating with your mouth open	0 1 2 3 4 5
i) Deixar comida no prato j) Outros: _____	0 1 2 3 4 5	i) Leaving food on your plate j) Others _____	0 1 2 3 4 5

FONTE: Corbet, 2009, p. 103-104, tradução nossa.

É válido destacar que apenas o reconhecimento das formas individuais de pensar os aspectos elencados não é capaz de promover um diálogo crítico e intercultural. Cabe aqui um exercício de expansão de perspectivas (conceito abordado no Capítulo 3) que busque contemplar aproximações, deslocamentos e rupturas dos sujeitos. Neste livro, discutimos o papel do professor como problematizador na promoção de uma educação intercultural. Ao entendermos a relevância do trabalho pedagógico nessa proposta, percebemos que, como argumenta Shor (1999, p. 23-24, tradução nossa),

> *nenhuma pedagogia é neutra, nenhum processo de aprendizagem é livre de valores, nenhum currículo está livre de ideologia e relações de poder. Ensinar é estimular os seres humanos a irem em uma direção ou outra. [...] Cada educador, então, orienta os estudantes rumo a certos valores, ações e linguagem com implicações para o tipo de sociedade e de pessoas que esse comportamento irá produzir.*

O que defendemos, nesse sentido, é que a formação de professores precisa fomentar essas discussões para que os docentes possam fazer escolhas embasadas e informadas para promover, em suas salas de aula, conhecimentos que possam ir para além do linguístico, entendendo que o ensino intercultural é social e, portanto, não pode estar ancorado em abordagens simplificadoras de cultura, tampouco colocá-la como um objeto estático descolado de aspectos sociais, históricos e relações heterogêneas de saber e de dissenso. Debater sobre as formas como as pessoas gerenciam conflitos dialoga com a noção de práticas pedagógicas críticas e interculturais. Como observa Jordão (2013a, p. 43), trata-se de *oportunidades para a construção de conhecimento, de aprendizado e de transformação de procedimentos interpretativos e visões de mundo. O conflito ou choque entre perspectivas ou visões de mundo oferece uma oportunidade de transformação de representações e de procedimentos interpretativos que de outro modo se manteriam estabilizadas; desse modo, os conflitos resultantes da percepção de que mais de uma concepção ou visão são possíveis e justificáveis podem construir uma aprendizagem transformadora, uma aprendizagem que modifica procedimentos interpretativos, que transforma as lentes com as quais entendemos o mundo [...].*

Buscar compreender como as pessoas lidam com conflitos pode ser um exercício interessante, na medida em que possibilita conhecer diferentes maneiras de lidar com situações de instabilidade ou de desentendimentos comunicativos. É um modo de conhecer formas alternativas de fazer as coisas e de negociar sentidos, sejam linguísticos, sejam culturais. Os conflitos podem ser vistos como possibilidades de aprender a reconhecer que as formas como buscamos soluções são sempre locais e parciais. O embate de percepções pode ser rico quando os interlocutores estão dispostos a trocar uns com os outros, mesmo permanecendo em um estado de dissenso. Vale destacar que o dissenso também pode ser produtivo e que, tanto nas relações sociais quanto nas de aprendizagem, ele é bem-vindo, desde que permita a convivência mútua e o não apagamento das diferenças. A seguir, vejamos um exemplo de uma sequência de atividades que visa abordar as diferentes formas de lidar com conflitos.

Atividades didáticas sobre conflitos sociais

Tema: Resolução de conflitos
Os alunos vão explorar aspectos linguísticos e comportamentais que ocorrem quando as pessoas estão em desacordo. Antes de iniciar, procure instigar os alunos a comentar suas percepções com relação à forma como as pessoas se comportam diante de conflitos. Comente as questões culturais que podem estar envolvidas nesse sentido. Na sequência, proponha despertar a reflexão mediante a aplicação da atividade a seguir proposta, convidando os alunos a pensar sobre como eles lidam com divergências e conflitos.

Exercício 1. Questionário: conflitos
Você já teve algum desentendimento...
    a. com seus pais/filhos sobre ficar fora até tarde da noite?
       ( ) Sim ( ) Não
    b. com seus professores sobre um prazo de lição de casa?
       ( ) Sim ( ) Não
    c. com amigos sobre sua opinião política?
       ( ) Sim ( ) Não
    d. com os colegas sobre a qualidade de seu trabalho?
       ( ) Sim ( ) Não
    e. com seu empregador sobre seu salário e suas condições de trabalho? ( ) Sim ( ) Não
    f. com os vizinhos sobre suas responsabilidades?
       ( ) Sim   ) Não
    g. sobre alguma outra coisa? (Pode dizer o que é)
       ( ) Sim ( ) Não

Exercise 1 – Questonnarie: conflits

Have you ever been in a disagreemen....

    a. with your parents/children about staying out late at night?
    ( ) Yes   ( ) No

    b. with your teachers about a homework deadline?
    ( ) Yes   ( ) No

    c. with friends about their political opinion?
    ( ) Yes   ( ) No

    d. with colleagues about the quality of their work?
    ( ) Yes   ( ) No

    e. with your employer about your pay and conditions?
    ( ) Yes   ( ) No

    f. with neighbours about their responsibilities?
    ( ) Yes ( ) No

    g. about something else? (Say what it is...)
    ( ) Yes   ( ) No

FONTE: Corbet, 2009, p. 45, tradução nossa.

Em seguida, procure discutir as respostas dadas pelos alunos e faça um levantamento das maiores convergências e divergências que apareceram no questionário. Realizado esse levantamento, passe para a próxima atividade, que tem por objetivo tratar das várias maneiras de lidar com desacordos e conflitos. Para isso, os alunos deverão sinalizar se as assertivas a seguir são verdadeiras ou falsas.

Exercício 2. Questionário: formas de lidar com conflitos
a. Não me importo com conflitos porque tenho uma personalidade forte e acredito que costumo fazer as coisas do meu jeito. ( ) Verdadeiro   ( ) Falso
b. Onde há um conflito eu prefiro trabalhar com os outros para encontrar uma solução nova e criativa que seja adequada para ambas partes. ( ) Verdadeiro   ( ) Falso
c. Quando estou envolvido em um conflito, costumo ceder às exigências das outras partes ( ) Verdadeiro   ( ) Falso
d. Evito conflitos sempre que posso. ( ) Verdadeiro   ( ) Falso

Exercise 2: Questionnaire: ways of dealing with conflicts
a. I don't mind conflicts because I have a strong personality and I find that I usually get my own way. ( ) True   ( ) False
b. When there is a conflict, I prefer to work with others to find a new, imaginative solution that suits both parties. ( ) True   ( ) False
c. When I am involved in a conflict I usually just give in the other parties' demands. ( ) True   ( ) False
d. I avoid conflicts whenever I possibly can. ( ) True   ( ) False

FONTE: Corbet, 2009, p. 45, tradução nossa.

Com base nas respostas fornecidas, procure ajudar os estudantes a identificar seus perfis relacionados às estratégias para lidar com conflitos: confrontador (*confrontational*), colaborativo (*collaborative*), acomodado (*accomodating*) e evitador (*avoiding*).

Após essa breve explanação, faça um *brainstorm* sobre a maneira como a linguagem é geralmente utilizada nesses diferentes estilos para, então, explorar o Exercício 3. Os exemplos apresentados são expressões e frases da língua inglesa, mas podem ser adaptadas para qualquer língua.

EXERCÍCIO 3. ESTRATÉGIAS PARA LIDAR COM CONFLITOS: LINGUAGEM ADEQUADA

Formas de lidar com conflitos	Ways of dealing with conflicts	Linguagem sugerida	Suggested language
Confrontacional: Não me importo com conflitos porque eu tenho uma personalidade forte e acho que geralmente faço do meu jeito.	Confrontational: I don't mind conflicts because I have a strong personality and I find that I usually get my own way.	Eu receio que/nós devemos... Você/nós temos que...	I'm afraid you/we must... You/we have to...
Colaborativo: Quando há um conflito, prefiro trabalhar com os outros para encontrar um solução nova e criativa que se adapte a ambas as partes.	Collaborative: When there is a conflict, I prefer to work with others to find new, imaginative solution that suits both parties.	Vamos olhar isso a partir de outro ângulo. Por que nós não...? Nós poderíamos...	Let's look at this from a fresh angle. Why don't we...? We could...

(continua)

(conclusão)

Formas de lidar com conflitos	Ways of dealing with conflicts	Linguagem sugerida	Suggested language
Acomodado: Quando estou envolvido em um conflito, geralmente cedo às exigências das outras partes.	Accommodating: When I am involved in a conflict I usually just give in to the other parties' demands.	Ok, eu vou deixar você...	Ok, I'll let you...
Evitador: Evito conflitos sempre que posso.	Avoiding: I avoid conflicts whenever I possibly can.	Eu não gostaria de discutir sobre isso.	I don't wish to discuss it.

FONTE: Corbet, 2009, p. 46, tradução nossa.

Após essa reflexão sobre como os alunos se percebem diante dos conflitos, peça para que pensem em episódios já vivenciados ou conhecidos que representem situações de conflito. Em seguida, solicite que escolham um dos quatro estilos – confrontador (*confrontational*), colaborativo (*collaborative*), acomodado (*accomodating*) e evitador (*avoiding*) – e simulem uma interação que ilustre a situação escolhida e a maneira mais apropriada de utilizar a linguagem.

A partir dos exemplos apresentados nas atividades anteriores, é possível iniciar uma discussão relacionada às diferentes maneiras de lidar com conflitos. As relações culturais que se visa construir partem da identificação dos alunos, mas não devem encerrar-se nessa etapa, tendo em vista que o objetivo é a expansão de perspectivas. Pensando-se em uma educação crítica e intercultural, é válido discutir como, em inúmeros casos, os conflitos não são passíveis de resolução. Nesse caso, podem ser feitos questionamentos como os listados a seguir:

- Quais são os tipos de conflitos que podemos enfrentar em nosso cotidiano?
- Todos os conflitos precisam de uma resolução?
- Quais são os impactos sociais quando um conflito não é resolvido?
- As pessoas em seu entorno agem diante de conflitos da mesma maneira que você? Por que existem essas diferenças?
- Qual é a relação entre língua/linguagem e conflitos e choques culturais?

Conflitos e choques culturais fazem parte da história da humanidade, como bem nos lembra Duboc (2018, p. 61), citando exemplos como "as guerras mundiais, o Holocausto, as bombas atômicas e os processos de descolonização de países asiáticos e africanos entre 1940 e 1970". O trabalho pedagógico que envolve a temática dos conflitos e choques culturais se faz necessário e não pode estar desconectado dos contextos em que os alunos estão inseridos, tampouco ficar reduzido à dedução de regras sociais para a reprodução de comportamentos. Tendo isso em vista, apoiamo-nos em Duboc (2018, p. 61) ao defender que "uma educação para os direitos humanos nasce do próprio encontro com o outro no cotidiano escolar, ou seja, das experiências e vivências trazidas pelos próprios sujeitos ali inscritos, o que implica em olhar tanto para as condições materiais quanto socioafetivas", de modo a legitimar a própria natureza pedagógica do conflito. Esse encaminhamento busca promover reflexões e situações que levam o estudante a "reconhecer consenso e dissenso e ainda reconhecer, sim, a possibilidade de não resolução de conflitos, sabendo responder criticamente às práticas de dissenso de seu entorno" (Duboc, 2012, p. 69), superando uma visão romantizada do diálogo intercultural que se constitui e se alcança na busca pela harmonia.

Neste capítulo, procuramos destacar a importância do trabalho pedagógico que considera as relações interculturais como potencializadoras da aprendizagem, no sentido de reconhecer os conflitos e choques culturais como parte da natureza humana. Antes de passarmos a discutir a questão da identidade linguística e cultural no próximo capítulo, gostaríamos de trazer novamente um trecho de Duboc (2018, p. 71), que sintetiza aspectos essenciais para a construção de uma pedagogia sensível e crítica:

I. *a compreensão histórica das brutalidades por meio de um exercício genealógico e desconstrucionista, tomando a brutalidade como sintoma e não como doença;*
II. *a compreensão da sala de aula como espaço político e ético na medida em que o encontro com o outro é sempre passível de hostilidades, sejam estas explícitas ou veladas;*

III. *a atenção dispendida a toda e qualquer brecha no currículo, com a necessária intervenção, já que somos responsáveis pela resposta do outro;*

IV. *o fomento à autocrítica dos sujeitos participantes, incluindo o professor-formador, por meio de atividades de letramento crítico;*

V. *a naturalização das subjetividades e afetividades no contexto acadêmico, por meio da escuta sensível e da tolerância nos termos freireanos.*

Essa citação resume algumas reflexões que buscamos suscitar não somente neste capítulo, mas em toda a obra.

Síntese

Como forma de sintetizar as discussões deste capítulo, apresentamos o diagrama a seguir, que revela a complexidade dos elementos constitutivos de uma sala de aula. Considere que, embora estejam dispostos hierarquicamente, esses elementos podem mudar de posição a depender das relações e das situações construídas nesse espaço. Nosso propósito é fazer com que você considere e problematize esses elementos, podendo acrescentar outros em seu exercício docente, sem perder de vista a promoção de uma educação crítica e intercultural.

Figura 4.1 – Complexidade da sala de aula

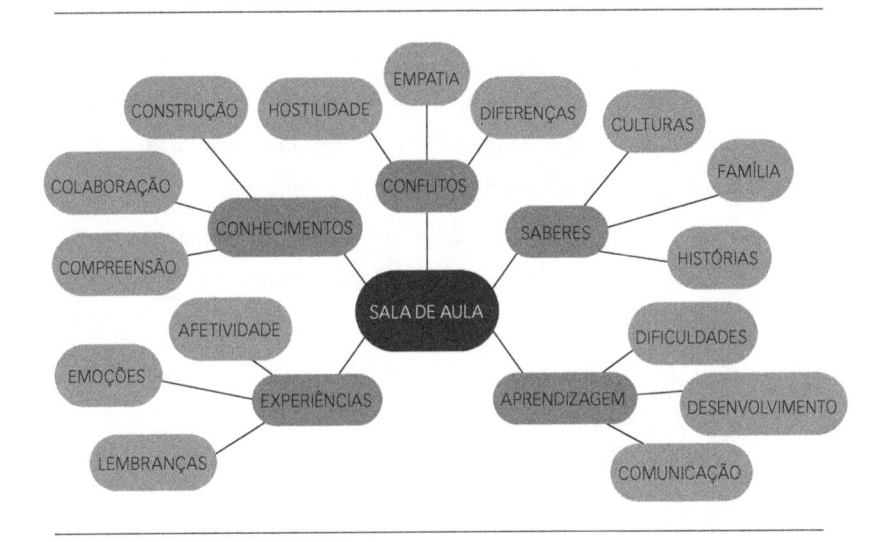

Mapa conceitual centrado em "SALA DE AULA", conectado a: CONHECIMENTOS (CONSTRUÇÃO, HOSTILIDADE, COLABORAÇÃO, COMPREENSÃO), CONFLITOS (EMPATIA, DIFERENÇAS), SABERES (CULTURAS, FAMÍLIA, HISTÓRIAS), APRENDIZAGEM (DIFICULDADES, DESENVOLVIMENTO, COMUNICAÇÃO), EXPERIÊNCIAS (AFETIVIDADE, EMOÇÕES, LEMBRANÇAS).

Atividades de autoavaliação

1. Sobre o conceito de estereótipo, assinale a alternativa correta:
a. Ideia que reflete uma visão necessariamente única e verdadeira sobre um povo ou grupo social.
b. Ideia muitas vezes comum, mas excessivamente simplificada de um povo ou grupo social.
c. Ideia que pode representar alguns aspectos sobre determinada cultura ou grupo social.
d. Ideia que pode ser perigosa quando entendida como representação única de um grupo ou povo.
e. Todas as alternativas anteriores estão corretas.

2. O que significa entender a si mesmo como um ser cultural?
a. Compreender nossa cultura e ver como esta nos afeta de várias maneiras.
b. Perceber que, mais do que nos reconhecermos como seres humanos, devemos nos reconhecer como seres culturais.
c. Fazer distinções e comparações entre culturas.
d. Perceber que a cultura é dinâmica e difícil de ser definida.
e. Marcar seu posicionamento cultural nas diferentes interações sociais.

3. O que é choque cultural?
a. Choque cultural é a experiência que a pessoa pode ter quando muda para um ambiente cultural diferente do seu.
b. É o encontro com outras culturas, criando relações de estranheza que depois são superadas e apagadas.
c. É o conflito entre culturas que acontece apenas entre nacionalidades diferentes.
d. É um fenômeno semelhante ao conceito de estereótipo.
e. É o reconhecimento da diferença cultural, mas visa à busca por sua homogeneidade.

4. Sobre os conflitos em sala de aula, assinale a alternativa correta:
a. Eles podem ser favoráveis, desde que exista um encaminhamento pedagógico que busque resolvê-los.
b. Os conflitos são também maneiras de potencializar a aprendizagem na sala de aula.

c. Não são bem-vindos, uma vez que podem ser polêmicos e causar problemas de indisciplina.

d. Acontecem de maneira frequente, mas é importante não dar sequência a esse tipo de situação, procurando instaurar a ordem novamente.

e. Os professores precisam se impor em sala de aula para que os conflitos nunca aconteçam.

5. Sobre os estereótipos, analise as asserções a seguir.

I. Há diferentes tipos de estereótipos que circulam no espaço escolar.

II. Não são temas de relevância para a educação intercultural.

III. Podem ser construções feitas por alunos sobre outras culturas.

IV. Fazem parte de todos os espaços sociais e culturais.

Agora, assinale a alternativa que indica as asserções corretas:

a. I, II e IV.
b. I, III e IV.
c. II, III e IV.
d. III e IV.
e. I, II, III e IV.

Atividades de aprendizagem

Questões para reflexão

1. A gastronomia é, sem dúvida, uma das expressões culturais de um povo. Considerando o trabalho pedagógico voltado a essa temática, reflita: Quais aspectos poderiam ser explorados na aula de língua estrangeira? Como você encaminharia um trabalho

pedagógico com esse tema? Quais perguntas ou problematizações você faria? Quais materiais você traria para fomentar a discussão em sala?

2. Ao entendermos os conflitos como inerentes à natureza humana e buscarmos utilizá-los como mola propulsora para a aprendizagem, quais habilidades podemos desenvolver em nossos estudantes? Você acredita que o professor também precisa desenvolver algumas habilidades para recorrer aos conflitos como uma estratégia pedagógica?

Atividades aplicadas: prática

1. Assista ao filme *O homem ao lado* (2009) e reflita sobre os tipos de conflitos representados no longa-metragem e sobre as formas como as personagens propõem soluções.

    O HOMEM ao lado. Direção: Gastón Duprat e Mariano Cohn. Argentina: Imovision, 2009. 110 min.

2. Assista ao vídeo-palestra *The danger of a single story* (O perigo de uma história única) e procure identificar quais estereótipos foram relacionados à escritora nigeriana Chimamanda Ngozi Adichie. Após essa identificação, escreva sobre quais seriam as possíveis motivações para que ela fosse associada a esses estereótipos.

    ADICHIE, C. N. O perigo da história única. TED, out. 2009. Disponível em: <https://www.ted.com/talks/chimamanda_ngozi_adichie_the_danger_of_a_single_story?language=pt> Acesso em: 26 dez. 2022.

um	Relações entre língua, linguagem e cultura
dois	Interculturalidade e competência intercultural no ensino de línguas
três	Dimensões interculturais e interpretativas e os materiais didáticos no ensino de línguas
quatro	Cultura e relações interculturais no ensino e na aprendizagem de línguas
#cinco	**Identidade e pluralismo cultural e linguístico**
seis	A sala de aula como espaço intercultural e a formação de professores

{

❬ EM NOSSA TRAJETÓRIA nesta obra, temos refletido sobre diversos elementos que fazem parte do trabalho intercultural em sala de aula. Como propõe Corbet (2009, p. 5, tradução nossa), "a educação linguística intercultural trata todos os valores culturais como abertos ao debate e sujeitos ao exame crítico de negociação. Dito isso, esses debates devem, idealmente, ser caracterizados por princípios de empatia e respeito pelos outros". Um dos elementos aos quais o autor se refere é nossa identidade, constituída por um mosaico, tal como ilustra Mia Couto (2010), ao refletir sobre quem somos a partir de nossas experiências, de nossos contatos e de nossas interações com o outro e com nossa língua. Neste capítulo, discutiremos o conceito de identidade, as representações sociais, o pluralismo linguístico e cultural e a importância desses elementos para a educação contemporânea.

cincopontoum
Identidade cultural e representações sociais

Assim como a concepção de cultura, a noção de identidade vem sendo amplamente discutida sob diferentes perspectivas, em diversos campos do saber. De maneira geral, nossa identidade é constituída no entrecruzamento de discursos, nas práticas sociais e experiências que temos durante nossa trajetória pessoal e profissional. Debater questões que envolvem a identidade cultural dos sujeitos é essencial para a promoção de uma educação que valoriza a perspectiva intercultural na busca por desenvolver "estratégias educativas que favoreçam o enfrentamento dos conflitos, na direção da superação das estruturas socioculturais geradoras de discriminação, de exclusão ou de sujeição entre grupos sociais" (Fleuri, 2002, p. 407).

Grigoletto (2001, p. 137) explica que a identidade, na perspectiva dos estudos culturais, enfatiza a questão da "fragmentação e a pluralidade, o movimento, a historicização radical da identidade, em suma, a identidade como produção levada a cabo por múltiplos discursos e práticas culturais historicamente situados". Nessa ótica, a identidade é entendida como algo em constante processo de transformação e mudança. Seguindo a mesma linha da autora, Fabrício (2011, p. 140) conceitua o sujeito como um ser sem identidade permanente ou fixa, constituído por uma rede de identidades múltiplas que estão "em permanente mobilidade/fluxo". Para Fabrício (2011, p. 140), "somos constituídos por uma miríade de discursos produzidos na cultura, aprendidos nas diversas comunidades das quais fazemos parte (família, escola, trabalho, nação etc.) em nossa trajetória de vida".

Levando esses aspectos para o contexto educacional, podemos afirmar que a identidade docente está sempre em trânsito, já que não é algo fixo, mas dinâmico e vinculado a visões construídas cultural e socialmente. Acrescentamos ainda que os veículos de comunicação corroboram essa construção, uma vez que apresentam um alcance bastante significativo. Wenger (2008, p. 145, tradução nossa) defende que a "construção de nossa identidade consiste em uma negociação de sentidos a partir de nossas experiências como membros de comunidades sociais". O autor argumenta que a identidade é o "ponto central entre o individual e o social". Os pensamentos, as práticas, os artefatos e as formas de ver o mundo que constituem a identidade de um sujeito refletem diretamente nas relações sociais. Isso significa que a forma como o professor se relaciona nessa rede de tensões entre a sociedade e os veículos de comunicação, por exemplo, colabora para que representações sociais sejam criadas em torno de sua identidade.

O conceito de representações sociais não é pertencente a uma única área, pois este, embora tenha suas raízes na sociologia, atravessa as ciências humanas, aparecendo de modo marcante na antropologia, na educação, na psicologia, inclusive na área da saúde. Xavier (2002, p. 24) define o conceito como um ou mais sistemas de interpretação capazes de organizar as relações do indivíduo com o mundo que o cerca e orientar "as suas condutas e comportamentos no meio social, permitindo-lhe interiorizar as experiências, as práticas sociais e os modelos de conduta". Já para Fogaça (2011, p. 94), o conceito de representação pode ser definido como "ideias, sentimentos, imagens mentais que se originam na interação dos indivíduos com o mundo e o meio social. São ao mesmo tempo individuais e coletivas". De modo semelhante, Rios-Registro (2011) afirma que, por meio da linguagem, é viável a construção das representações; estas, por sua vez, podem ser individuais e/ou coletivas.

Diante dos conceitos expostos, podemos considerar que tanto a identidade quanto as representações se constituem por meio de construções individuais e, concomitantemente, sociais. É possível verificar também uma forte relação, se não direta, entre o conceito de identidade e o de representação. Essa relação manifesta-se nos escritos de Coracini (2003, p. 219):

> *As representações que habitam o imaginário, seja do aluno, seja do professor, são reveladoras da identidade de um e de outro, se compreendermos identidade não como um conjunto de características congeladas que nos diferenciam uns dos outros, mas como um processo que não acaba nunca, que está o tempo todo se modificando e que constitui a complexidade do sujeito.*

Segundo a autora, as representações estão intimamente ligadas a experiências pessoais e se constroem com base nelas e na convivência social. Coracini (2003) argumenta a favor da reflexão a partir da identificação das representações de alunos e professores, uma vez que essa prática convida os participantes do processo de ensino-aprendizagem a pensar reformulações passíveis de gerar um movimento significativo no ambiente escolar. Tomando como ponto de partida a questão da identidade, apresentamos, na Figura 5.1, uma representação de aspectos que constituem nossa identidade pessoal e profissional. Os aspectos indicados não são estanques, visto que é possível a existência de outros a depender dos espaços em que os sujeitos se situam, mas servem como ponto de partida. Como autora desta obra, peço licença para dar sequência à explicação utilizando agora a primeira pessoa do discurso. Os aspectos escolhidos no exemplo dizem respeito à constituição da minha identidade, pois, assim, torna-se mais coerente comentá-los dessa maneira.

No primeiro eixo, **família**, enfatizo os papéis que são por mim exercidos, como irmã, filha mais velha, tia e esposa. Esses papéis se conectam diante da maneira como me relaciono com meus familiares e das atribuições e responsabilidades que são colocadas nessas relações. No segundo eixo, **aspetos profissionais**, apresento alguns papéis que desempenho e dizem respeito à minha carreira. Um deles é o de professora de língua inglesa no ensino médio, o qual tenho exercido por mais de 12 anos. Também tenho trabalhado como colaboradora em cursos de aperfeiçoamento em parcerias voluntárias com universidades federais. Atuo como professora formadora na rede pública estadual e ministro aulas em cursos de especialização. Ainda nessa atribuição da formação docente, exerço o papel de autora, uma vez que tenho trabalhado na produção de materiais didáticos. Por fim, nesse eixo, coloco-me como pesquisadora, pois estou sempre discutindo, em grupos de estudo e espaços acadêmicos, questões recentes relacionadas à minha área de estudos e de atuação. No terceiro eixo, **questões étnicas**, pontuo o fato de ser brasileira e descendente de polonês, sendo este último um fator bastante ligado à minha história familiar. No eixo **gênero e identidade socioeconômica**, destaco o fato de ser mulher, entendendo que essa questão afeta as relações sociais e a forma como construo interpretações sobre o mundo. Por fim, no eixo *hobbies* **e hábitos de lazer**, apresento algumas das atividades que gosto de praticar: o cultivo de plantas, a leitura, a culinária, o *yoga*, o brincar com o cachorro, os gostos relacionados aos programas de TV e os filmes e séries que também fazem parte das atividades que pratico para relaxar. Os elementos mapeados na imagem, a meu ver, ajudam a pensar nos aspectos que constituem minha identidade. Sendo a identidade algo dinâmico, entendo que esse é um retrato de quem sou agora, podendo ser alterado com o passar o tempo.

FIGURA 5.1 – MAPEAMENTO DE ALGUNS ELEMENTOS CONSTITUINTES DA IDENTIDADE

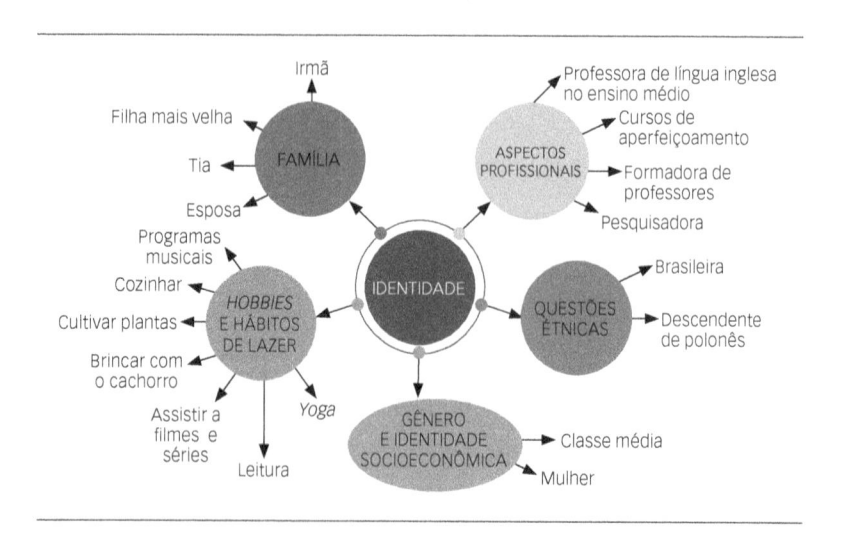

cincopontodois
Pluralismo linguístico e cultural

Nossa língua constitui nossa identidade cultural. Como discutimos anteriormente, língua e cultura são aspectos indissociáveis, sendo a realidade algo construído por meio de nossa língua, a qual molda nossas escolhas e formas de interpretar o mundo. Portanto, nossa identidade se molda na convivência social e se constitui de elementos subjetivos e variáveis que dependem não só do lugar em que habitamos, mas também dos círculos sociais dos quais fazemos parte. O Brasil, por exemplo, é um país com uma diversidade cultural imensa. O comportamento social, a gastronomia, os aspectos linguísticos mudam significativamente se compararmos o Sul e o Norte do país. Isso nos faz refletir sobre a problemática de definir uma cultura colocando-a em uma "caixa" representada por afirmações generalizantes.

    Ao pensarmos sobre o processo de ensino-aprendizagem de uma língua, é válido lembrar que o contato com diferentes culturas tem sido cada vez mais comum, tendo em vista o cenário globalizado e multicultural em que estamos inseridos. Nesse sentido, nós, professores, precisamos olhar para nossas salas de aula de língua como espaços onde são redefinidas nossas identidades. Isso quer dizer que, nas palavras de Rajagopalan (2003, p. 69), "as línguas não são meros instrumentos de comunicação [...] são a própria expressão das identidades de quem delas se apropria.

Logo quem transita entre diversos idiomas está redefinindo sua própria identidade [...] quem aprende uma língua nova está se redefinindo como uma nova pessoa".

Aprender uma língua vai muito além dos aspectos comunicativos, lexicais e estruturais. O contato com aspectos culturais diferentes dos nossos nos convida ao exercício de refletir, contrastar e analisar a cultura do outro, entendendo que nossa identidade se constitui nessa relação de oposição. Dito de outra forma, a definição, ainda que provisória, de uma identidade se concretiza nessa relação de contraste. Portanto, a sala de aula de língua estrangeira deve ser o espaço para a promoção da pluralidade linguística e cultural, não só no que se refere à língua que está sendo ensinada, mas também no que concerne aos sujeitos envolvidos nas relações de ensino-aprendizagem. Os estudantes carregam uma bagagem linguística e cultural que foi construída por meio de suas vivências, e tudo isso precisa fazer parte das propostas de ensino para que essa bagagem não apenas seja respeitada, como também faça da sala de aula um espaço para a cooperação e a construção do conhecimento com todos os envolvidos.

Para tratarmos da questão da identidade cultural, convidamos você a responder à seguinte pergunta: Quais elementos ou aspectos caracterizam a identidade de um brasileiro? Vejamos a nuvem de palavras a seguir, a qual ilustra algumas das possíveis respostas.

Figura 5.2 – Características dos brasileiros

SER BRASILEIRO...

belas paisagens
feijoada
farofa
futebol
festa junina
frevo
novelas
pagode
amigáveis
carnaval
praias
churrasco
arroz e feijão
jeitinho brasileiro
samba
país tropical

A proposta desse exercício é fazer um levantamento sobre algumas características que possivelmente estão no imaginário dos brasileiros para podermos refletir sobre o conceito de identidade cultural. É claro que essas respostas variam conforme o lugar onde as pessoas moram, o sexo, a idade, os gostos pessoais, ou seja, suas bagagens culturais. Provavelmente, também surgiriam algumas respostas que não estão contempladas na imagem, o que ressalta a relevância do contexto na formação identitária. A respeito disso, vejamos a reflexão apresentada por Andreotti (2011, p. 221, tradução nossa):

> as identidades estão em constante construção e reconstrução nos diferentes grupos sociais aos quais as pessoas pertencem na interação com os outros. Em outras palavras, as identidades

> são "escritas" em contextos sociais específicos, isso significa que o que se "é" e o que se "sabe" são marcados por de onde se vem: somos condicionados pelas configurações coletivas de poder e ideologias em nossos contextos.

Em conformidade com a reflexão proposta pela autora, é válido destacar que essas relações contextuais, bem como os grupos aos quais pertencemos, influenciam nossa construção identitária, mas não são determinantes, uma vez que também participamos dessa construção. Portanto, fazemos escolhas sobre os aspectos que de fato nos representam, e essas escolhas são atravessadas pela língua, que também constitui nossa identidade cultural. Longe de ser reduzida a um instrumento de comunicação, a linguagem é nosso próprio rosto.

Como forma de pensarmos sobre nossa constituição identitária e pluralidade linguística e cultural, bem como de refletirmos sobre formas didáticas de introduzirmos essas questões em sala da aula, convidamos você a analisar a sequência de atividades propostas por Telles e Welp (2022, p. 77), que argumentam: "tendo em vista o caráter opressor da colonização na história da educação no Brasil, propomos uma educação linguística voltada para a decolonização do processo educativo, visando à transformação e à libertação de comunidades linguisticamente marginalizadas". As autoras apresentam suas contribuições trazendo como pano de fundo as questões dos movimentos migratórios no Estado do Rio Grande do Sul.

> *O aumento da chegada de imigrantes ao nosso estado e, mais especificamente, à cidade de Porto Alegre, aponta para a necessidade de uma preparação das escolas para o acolhimento desses estudantes. De 2018 para 2019, houve um aumento de 1.275 matrículas de imigrantes na educação básica na cidade de Porto Alegre. As matrículas de alunos venezuelanos aumentaram de 41 para 258 nesse período, colocando a Venezuela do quinto para o segundo lugar dos países de origem de imigrantes com mais alunos matriculados nas escolas de Porto Alegre, conforme dados do Núcleo de estudos de população Elza Berquó (NEPO), em parceria com a Universidade de Campinas (Unicamp). A escola representa um espaço determinante para a socialização de comunidades de imigrantes. Contudo, os desafios linguísticos podem gerar dificuldades de adaptação para esses indivíduos.* (Telles; Welp, 2022, p. 80)

Partindo de uma necessidade local, as autoras apresentam uma possibilidade de trabalho que envolve práticas pedagógicas politizadas que buscam superar ideais hegemônicos e universalizantes e, ao mesmo tempo, valorizar os repertórios linguísticos dos estudantes. Sob essa ótica, Telles e Welp (2022) advogam pela necessidade de sairmos de uma lógica monolíngue de ensino de língua e partirmos para uma educação que valorize práticas translíngues (conforme vimos no Capítulo 1) e que, assim, considere a coexistência de múltiplas línguas, inserindo os estudantes em práticas que façam sentido e possam expandir seus repertórios.

Unidade Didática
Título: Presentando Porto Alegre a la comunidad escolar: um guia em português e espanhol
Tema: Conheço a cidade onde vivo? O que sei sobre a cidade de Porto Alegre?
Público-alvo: 6° ano
Objetivos: Geral: Trabalhar competências linguísticas e culturais da língua portuguesa e da língua espanhola a partir da pedagogia translíngue, valorizando o repertório linguístico dos alunos. Específicos: ✦ Trabalhar os gêneros discursivos propostos ao longo da Unidade Didática de forma que os alunos conheçam suas características. ✦ Desenvolver a leitura crítica e a escrita autoral em língua portuguesa e em língua espanhola. ✦ Valorizar o repertório linguístico dos alunos durante o processo de aprendizagem de novos itens linguísticos e conceituais. ✦ Criar um espaço seguro para as trocas linguísticas na construção de sentido e na expressividade linguística. ✦ Desempenhar tarefas que promovam a valorização da diversidade linguística e cultural no processo de aprendizagem.
Gêneros discursivos estruturantes: Entrevista e guia turístico virtual da cidade de Porto Alegre.
Produto Final: Um guia bilíngue, em língua portuguesa e em língua espanhola, sobre a cidade de Porto Alegre, que seja útil para toda a comunidade escolar, composta por imigrantes e brasileiros, conhecer a cidade e sentir-se pertencente a ela.

(continua)

(continuação)

Tarea 1: reflexionar sobre vivir, pertenecer y conocer Porto Alegre	Tarefa 1: refletir sobre viver, pertencer e conhecer Porto Alegre
¿Conocemos la ciudad en que vivimos? Durante las próximas actividades vamos a conocer juntos la ciudad de Porto Alegre y, al final, crear una guía para ayudar tanto a los visitantes como a los residentes de la ciudad.	Conhecemos a cidade em que vivemos? Durante as próximas tarefas vamos conhecer juntos Porto Alegre e, no final, criar um guia para ajudar tanto visitantes quanto moradores da cidade.
Tarea 2: construir el guion para la entrevista	Tarefa 2: construir o roteiro para a entrevista.
Lectura de una entrevista. Más abajo vamos a leer una entrevista hecha para un proyecto del Museu de Imigração, que comparte la historia de diferentes inmigrantes en su sitio en línea. El museo se ubica en São Paulo. Antes de empezar la lectura vamos a charlar un rato sobre las preguntas abajo: 1. ¿Sabes lo que es un inmigrante? 2. ¿Qué historias podemos esperar de un inmigrante? 3. ¿Te parece que es posible comprender a una persona que mezcla palabras de dos lenguas en su habla? 4. ¿Por qué crees que una persona mezcla palabras de dos lenguas para charlar? 5. ¿Qué tipo de información piensas que vamos a leer en la entrevista? 6. Lee la entrevista abajo y responde si tu expectativa de la cuestión 5 se confirmó o no.	Leitura de uma entrevista. A seguir nós leremos uma entrevista feita para um projeto do Museu de Imigração, que publica a história de diferentes imigrantes em seu site. O museu se localiza em São Paulo. Antes de começarmos a leitura, vamos conversar um pouco sobre as perguntas abaixo: 1. Você sabe o que é um imigrante? 2. Que histórias podemos esperar de um imigrante? 3. Você acha que é possível compreender uma pessoa que mistura palavras de duas línguas para conversar? 4. Por que você acha que uma pessoa mistura palavras de duas línguas para conversar? 5. Que informações você acha que leremos nessa entrevista? 6. Leia a entrevista abaixo e responda se a sua expectativa da questão 5 se confirma ou não.

(conclusão)

Tarea 3: Producción de una guía bilingüe. Con nuestra guía lista em português, nuestra próxima actividad es hacer su traducción al español, pues nuestra guía será para toda la comunidad y muchas personas que forman parte de ella se comunican en esta lengua. Para eso, lean las instrucciones abajo: ✦ Con ayuda de diccionarios físicos y virtuales, ustedes deben traducir al español los textos que produjeron en la actividad anterior. ✦ Después de eso, a partir de la revisión hecha por el (la) profesor(a) y de sus sugerencias, ustedes deberán hacer la actividad de reescritura si hay necesidad.	Tarefa 3: Produção de um guia bilíngue. Com o nosso guia pronto em português, a nossa próxima tarefa é fazer a tradução dele para o espanhol, já que o nosso guia será para toda a comunidade e que muitas pessoas que fazem parte dela se comunicam nessa língua. Para isso, leiam as instruções abaixo: ✦ Com ajuda de dicionários físicos e virtuais vocês devem traduzir para o espanhol os textos que produziram na tarefa anterior. ✦ Depois disso, a partir da revisão feita pelo(a) professor(a) e das sugestões dele(a), vocês deverão fazer a tarefa de reescrita se houver necessidade.

FONTE: Telles; Welp, 2022, p. 86-89.

A aprendizagem de línguas com viés intercultural e crítico é desafiadora na medida em que desafia modelos tradicionais de ensino. O papel discente e docente passa a ser diferente, pois as propostas colocam o sujeito em constante reflexão sobre suas práticas. No primeiro caso, o professor precisa estar atento às escolhas pedagógicas, aos materiais, aos textos, às problematizações e, ao mesmo tempo, estar em alerta para perceber que possibilidades de aprendizagem podem emergir a qualquer momento. Candau (2005, p. 33) elenca alguns desses desafios:

- *penetrar no universo de preconceitos e discriminações presentes na sociedade brasileira;*
- *questionar o caráter monocultural e o etnocentrismo;*
- *articular igualdade e diferença;*
- *resgatar os processos de construção das nossas identidades culturais;*
- *promover experiências de interação sistemática com os "outros";*
- *reconstruir a dinâmica educacional;*
- *favorecer processos de "empoderamento".*

Como a própria autora sinaliza, há um longo caminho a ser traçado, mas você já deu o primeiro passo ao buscar se aproximar dessas questões por meio da leitura. Esse caminho exige que mudanças significativas aconteçam tanto na organização curricular quanto nas práticas docentes. A educação intercultural precisa ir além das atividades didáticas específicas, que são extremante importantes e necessárias, mas que viabilizam apenas uma parte do todo. Ela precisa permear todo o processo educativo, que começa com uma formação de professores que sensibilize os docentes para que esse trabalho possa ser efetivo. É sobre esse aspecto que vamos nos debruçar no próximo capítulo.

Síntese

A seguir, sintetizamos o conteúdo deste capítulo elencando aspectos que consideramos essenciais para o olhar pedagógico que precisamos ter ao pensarmos sobre práticas que se voltam para a discussão de cultura e identidade.

FIGURA 5.3 – CULTURA E IDENTIDADE: OLHARES PEDAGÓGICOS

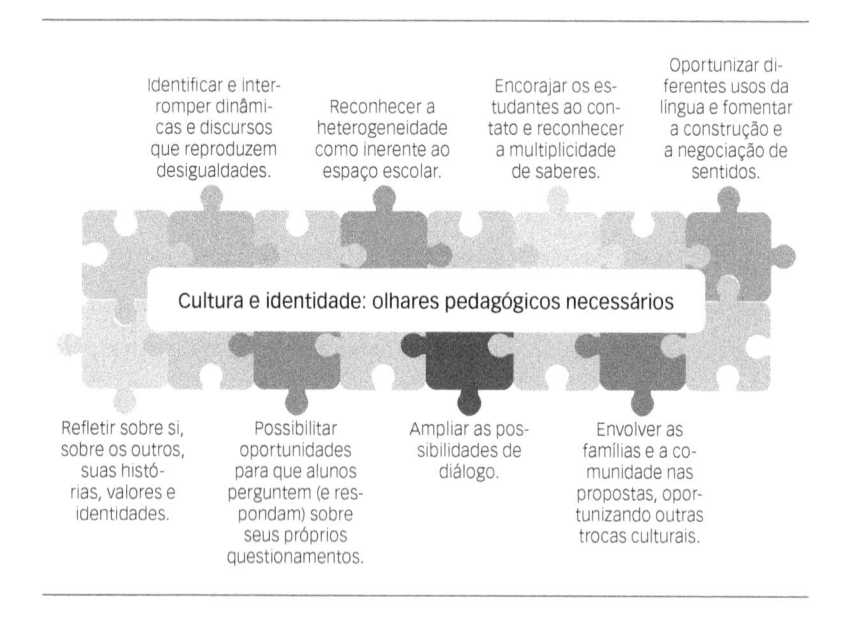

- Identificar e interromper dinâmicas e discursos que reproduzem desigualdades.
- Reconhecer a heterogeneidade como inerente ao espaço escolar.
- Encorajar os estudantes ao contato e reconhecer a multiplicidade de saberes.
- Oportunizar diferentes usos da língua e fomentar a construção e a negociação de sentidos.

Cultura e identidade: olhares pedagógicos necessários

- Refletir sobre si, sobre os outros, suas histórias, valores e identidades.
- Possibilitar oportunidades para que alunos perguntem (e respondam) sobre seus próprios questionamentos.
- Ampliar as possibilidades de diálogo.
- Envolver as famílias e a comunidade nas propostas, oportunizando outras trocas culturais.

Atividades de autoavaliação

1. Sobre o conceito de identidade cultural, assinale a alternativa correta:
   a. Não é um conceito de fácil definição.
   b. Está relacionado à linguagem.

c. Encontra-se em um movimento de fluxo.
d. Muda a depender de diferentes fatores.
e. Todas as alternativas anteriores estão corretas.

2. Leia o trecho a seguir, que apresenta o conceito de identidade proposto por Hall (2004, p. 12-13).

> *O sujeito assume identidades diferentes em diferentes momentos, identidades que não são unificadas ao redor de um "eu" coerente. Dentro de nós há identidades contraditórias, empurrando em diferentes direções, de tal modo que nossas identificações estão sendo continuamente deslocadas. Se sentimos que temos uma identidade unificada desde o nascimento até a morte é apenas porque construímos uma cômoda estória sobre nós mesmos ou uma confortadora "narrativa do eu".*

Com base nesse trecho, é possível afirmar que a identidade está ligada:
a. às dinâmicas sociais.
b. ao determinismo biológico.
c. ao produto cultural.
d. à imigração.
e. Todas as alternativas anteriores estão corretas.

3. Analisando o trecho de Chaui (2006, p. 156) reproduzido a seguir, qual é a relação entre o papel da língua e a identidade?

> *Há um vaivém contínuo entre as palavras e as coisas, entre elas e as significações, de tal modo que a realidade (as coisas, os fatos, as pessoas, as instituições sociais, políticas, culturais),*

o pensamento (as ideias ou conceitos como significações) e a linguagem (as palavras, os significantes) são inseparáveis, suscitam uns aos outros, referem-se uns aos outros e interpretam-se uns aos outros.

a. A língua, como um produto cultural e histórico, é utilizada para representar, de modo oral ou escrito, pensamentos, sentimentos, emoções e percepções.
b. A língua é fundamental para compreender a identidade de um povo em determinado contexto social.
c. Assim como a identidade e a cultura, a língua também sofre transformações por inserir-se na teia das relações sociais.
d. A língua é expressão da cultura, pois se constitui como instrumento decisivo para a assimilação e a difusão de uma cultura.
e. Todas as alternativas anteriores estão corretas.

4. Analise as asserções a seguir a respeito do conceito de identidade.
I. A identidade é permeada por processos sociais, históricos e culturais associados ao comportamento.
II. A identidade constitui-se apenas de aspectos visíveis de um povo, tais como a literatura, a religião, as artes, a gastronomia e as tradições.
III. Nossa identidade está relacionada aos aspectos não tangíveis, como o léxico, as formas de falar e os comportamentos sociais.

Agora, assinale a alternativa que apresenta os itens corretos:
a. Apenas I.
b. Apenas III.
c. II e III.
d. I e III.
e. I, II e III.

5. As afirmativas a seguir dizem respeito ao conceito de pluralidade linguística e cultural, **exceto**:
a. A diversidade é um elemento acessório nas aulas de línguas.
b. A diversidade constitui a pluralidade cultural e linguística.
c. A diversidade é fator determinante para o trabalho intercultural.
d. A diversidade deve ser contemplada nos livros didáticos.
e. A diversidade está presente nas relações interculturais constantemente.

Atividades de aprendizagem

Questões para reflexão

1. Para expandir o conceito de identidade cultural e refletir sobre como a sua identidade cultural tem se constituído, elabore sua versão do diagrama apresentado neste capítulo.

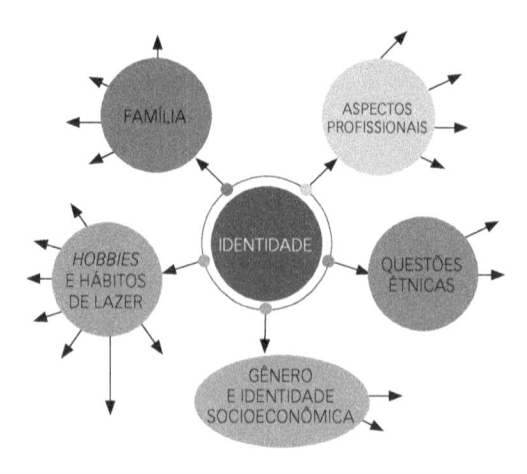

```
         FAMÍLIA           ASPECTOS
                          PROFISSIONAIS


  HOBBIES      IDENTIDADE        QUESTÕES
  E HÁBITOS                      ÉTNICAS
  DE LAZER


              GÊNERO
           E IDENTIDADE
          SOCIOECONÔMICA
```

2. Leia o trecho a seguir.

O sujeito assume identidades diferentes em diferentes momentos, identidades que não são unificadas ao redor de um "eu" coerente. Dentro de nós há identidades contraditórias, empurrando em diferentes direções, de tal modo que nossas identificações estão sendo continuamente deslocadas. Se sentimos que temos uma identidade unificada desde o nascimento até a morte é apenas porque construímos uma cômoda estória sobre nós mesmos ou uma confortadora "narrativa do eu". A identidade plenamente unificada, completa, segura e coerente é uma fantasia. Ao invés disso, à medida em que os sistemas de significação e representação cultural se multiplicam, somos confrontados por uma multiplicidade desconcertante e cambiante de identidades possíveis, com cada uma das quais poderíamos nos identificar – ao menos temporariamente. (Hall, 2004 p. 12-13)

Para Hall (2004), nossa identidade pode ser entendida como um mosaico que vai sendo construído e modificado durante nossa trajetória. Com base nessa reflexão, elabore uma narrativa sobre sua identidade cultural apontando elementos discutidos neste capítulo. Considere ampliar a reflexão incluindo também elementos de sua formação acadêmica e profissional.

Atividade aplicada: prática

1. Considerando um trabalho direcionado para o desenvolvimento crítico, retome a sugestão de encaminhamento proposta por Duboc (2012) e elabore uma aula que contemple questões voltadas para ensino de língua e identidade cultural. Escreva sua proposta utilizando o quadro a seguir.

QUADRO A – IDENTIDADE CULTURAL: PROCEDIMENTOS DIDÁTICOS

Etapa	Procedimento didático
Experiências com o conhecido	
Experiências com o novo	
Conceituações e categorizações	
Conexões locais e globais	
Expansão de perspectivas	
Transformações	

um	Relações entre língua, linguagem e cultura
dois	Interculturalidade e competência intercultural no ensino de línguas
três	Dimensões interculturais e interpretativas e os materiais didáticos no ensino de línguas
quatro	Cultura e relações interculturais no ensino e na aprendizagem de línguas
cinco	Identidade e pluralismo cultural e linguístico

seis A sala de aula como espaço intercultural e a formação de professores

{

❰ ESTAMOS CHEGANDO AO fim de nossa jornada e, neste último capítulo, convidamos você a pensar sobre o papel da formação docente diante das demandas atuais. Entendemos que a atuação docente no cenário contemporâneo requer um olhar sensível e cuidadoso na promoção de uma educação linguística e intercultural. Assim, vamos dialogar sobre o papel pedagógico e a questão ideológica intrínseca ao ensino de línguas. Cabe observar que esta obra não se destina apenas a professores atuantes da língua inglesa, mas algumas questões que vamos pontuar dizem respeito ao fato de a globalização promover o inglês ao *status* de língua franca/global, fator que se reflete na marginalização de outras línguas. Nesse sentido, em alguns momentos, direcionaremos nossa discussão a essa língua, sem perder de vista que a reflexão sobre o papel que as línguas assumem no cenário atual é um aspecto que precisa permear toda e qualquer formação de professores.

Essas questões estão diretamente relacionadas ao tipo de cultura que está sendo ou não contemplado nos materiais didáticos e nas políticas de ensino, por isso essa reflexão é essencial para a promoção de profissionais que buscam construir uma educação intercultural, crítica, cidadã e humanizadora.

seispontoum
Aspectos culturais abordados em aulas de línguas: posições pedagógicas

Neste livro, você teve oportunidade de construir algumas problematizações sobre a interculturalidade no ensino de línguas. Buscamos mostrar que a contemplação de aspectos culturais em sala de aula não garante a promoção de uma educação crítica e intercultural. Também analisamos como a separação entre língua e cultura ainda é algo bastante presente nas propostas e nos materiais de ensino, conforme elucida Kramsch (1993, p. 8, tradução nossa):

> *A dicotomia de linguagem e cultura é um traço fortemente enraizado no ensino de línguas no mundo todo. A cultura é geralmente vista como simples informação transmitida pela língua, e não um traço da língua propriamente dita; a consciência cultural transforma-se em um objetivo educacional separado da linguagem. Porém, a linguagem é vista como prática social, em que a cultura se torna a base do ensino de língua estrangeira. A consciência cultural deve então ser vista tanto como facilitadora da proficiência linguística quanto como resultado de uma reflexão sobre ela.*

O ensino de língua sob uma perspectiva intercultural pode permitir que os sujeitos se relacionem de modo a não apenas construir informações sobre o outro, mas também estabelecer trocas significativas. Todorov (citado por Dornbusch, 1997, p. 183) explicita que "a relação com o outro não se dá numa única dimensão". Segundo o autor, essa aproximação com o outro e com a língua/cultura-alvo efetua-se mediante quatro níveis de conhecimento:

1. *Na primeira etapa (axiológica), tomamos como ponto de partida nossos próprios parâmetros, julgando a cultura do outro como um mundo estranho que segue as mesmas regras que o nosso. Nesse sentido, essa estranheza é colocada diante de dois extremos – bom ou mal.*

2. *Na segunda etapa (praxiológica) nos distanciamos de nossas identidades buscando informações sobre o outro: seus costumes e tradições, sua maneira de pensar e sua linguagem.*

3. *Na etapa seguinte (ainda de natureza praxiológica), retornamos a nossa identidade tomando como ponto de partida as informações que foram obtidas e, dessa maneira, percebemos que os valores culturais são relativos, mas não definitivos.*

4. *É no último estágio que o conhecimento sobre o outro emerge, já que abandonamos nossa identidade inicial porque não a vemos da mesma maneira. Nesse sentido, ao nos aproximarmos do outro, percebemos uma nova identidade que passa a ser constituída a partir da diferença.* (Dornbusch, 1997, p. 183)

Para analisar como o ensino de língua inglesa tem lidado, em alguns contextos, com aspectos culturais, Gimenez (2002) propõe uma reflexão embasada em três cenas, descritas no Quadro 6.1, a seguir.

QUADRO 6.1 – CENAS DE SALA DE AULA

Cena 1:	alunos de um colégio estadual procuram o Centro de Recursos do NAP (Núcleo de Assessoria Pedagógica) para buscar informações sobre o que os americanos e os ingleses comem. Trata-se de um trabalho que a escola está fazendo sobre nutrição como tema transversal.
Cena 2:	ao aproximar-se o Halloween, escolas são decoradas com abóboras e professores encorajam alunos a se vestirem de bruxas e bruxos e saírem às ruas de cidades brasileiras dizendo *"trick or treat"*.
Cena 3:	uma proposta de abordagem comunicativa no Currículo Básico do Pr. Propõe-se o trabalho com publicidade, através da gravura de um café da manhã com um cereal conhecido. Após descrever a imagem, o professor faz perguntas sobre o conteúdo do texto e sobre sua aplicabilidade no contexto do aluno. Segue-se um trabalho com itens linguísticos, e os alunos criam um texto similar. Como última atividade, outro texto é apresentado para leitura (ainda sobre o mesmo produto). [...]

FONTE: Gimenez, 2002, p. 3.

Como você pode perceber, a publicação de Gimenez é de 2002, ou seja, vinte anos antes da escrita desta obra. No entanto, é possível encontrar propostas pedagógicas semelhantes às retratadas por ela. A reflexão que convidamos você, leitor(a), a fazer é: Qual visão de língua/cultura está sendo evidenciada nessas aulas? Levando-se em consideração as discussões anteriores, é possível identificar, conforme explica Gimenez (2002), que, nas três cenas, a visão de cultura apresentada é como um bloco monolítico e estereotipado. Na Cena 2, ainda percebemos a valorização de países falantes do inglês do círculo central – considerando a organização proposta por Kachru (1991), a qual discutiremos mais adiante. Nesse mesmo raciocínio de Gimenez (2002), Santiago, Akkari e Marques (2013, p. 17) defendem que, muitas vezes, as práticas

> interculturais adotadas nas escolas estão associadas à folclorização e à adoção de datas comemorativas, o que não corresponde a um processo de descolonização do currículo escolar, à desconstrução dos processos que historicamente naturalizaram e subalternizaram grupos sociais. As práticas pedagógicas, a despeito de marcos legislativos e de lutas sociais, não têm efetuado esforço que corresponda a resultados "reais" na promoção e no empoderamento dos grupos excluídos.

Considerando-se a língua inglesa, de que modo podemos conceber a sala de aula como espaço intercultural? Lembra-se de que, anteriormente, no Capítulo 2, questionamos qual seria o inglês que ensinamos? Neste momento, vamos expandir nossa discussão pensando em como podemos construir um olhar decolonial como forma de resistência a visões colonizadoras e universalizantes da língua inglesa, tais como a supremacia do falante nativo, a ênfase em algumas variantes linguísticas (americana e britânica) em detrimento de outras e a valorização de aspectos culturais de alguns países falantes da língua tidos como prestigiosos. No intuito de promovermos esse exercício de ruptura em relação às práticas pedagógicas hegemônicas, destacamos que, como observam Andreotti et al. (2016, p. 134), "a transformação de relações entre povos e o aprofundamento do pensamento sobre a complexidade de relações sociais, culturais e da construção de identidades demandam o exame e a desconstrução de hierarquias de valor atribuídos a povos e conhecimentos dentro do imaginário global".

Tendo como proposta a quebra de hierarquias culturais no contexto do ensino de língua inglesa, recorremos aos estudos de Kachru (1985, citado por Siqueira, 2012) para pensar sobre a categorização relacionada aos países falantes de inglês: o **círculo central**, onde o inglês é falado como língua materna (Inglaterra, Estados Unidos, Austrália); o **círculo externo**, onde o inglês opera como segunda língua em comunidades multilíngues e multiculturais (Índia, Cingapura, Nigéria e Filipinas, entre outros); e o **círculo em expansão**, que diz respeito às nações que reconhecem o inglês como língua internacional.

Figura 6.1 – Círculos concêntricos de Kachru

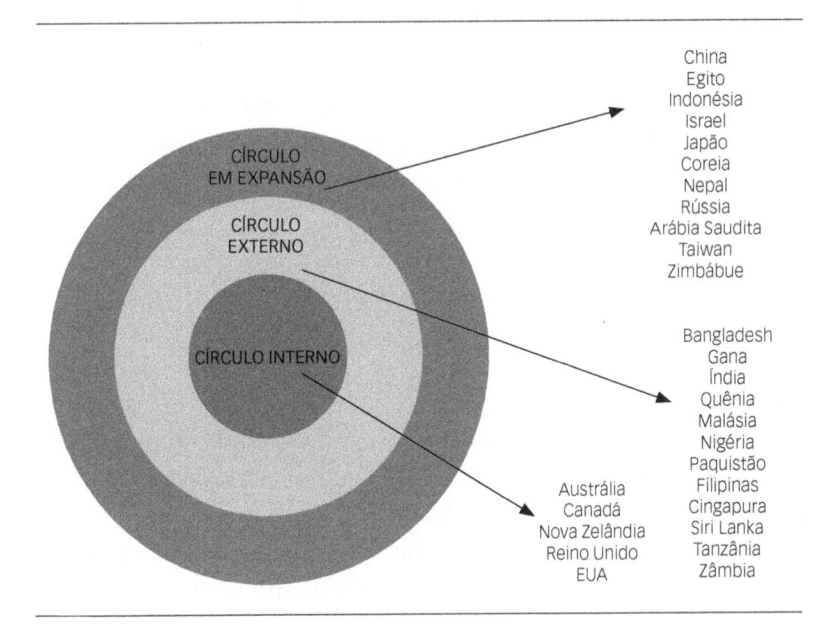

```
                    CÍRCULO
                 EM EXPANSÃO          China
                                      Egito
                                      Indonésia
                    CÍRCULO           Israel
                    EXTERNO           Japão
                                      Coreia
                                      Nepal
                                      Rússia
                                      Arábia Saudita
                                      Taiwan
                                      Zimbábue

                  CÍRCULO INTERNO     Bangladesh
                                      Gana
                                      Índia
                                      Quênia
                                      Malásia
                                      Nigéria
                                      Paquistão
                      Austrália       Filipinas
                      Canadá          Cingapura
                      Nova Zelândia   Siri Lanka
                      Reino Unido     Tanzânia
                      EUA             Zâmbia
```

FONTE: Elaborado com base em Siqueira, 2012.

Agora, vejamos uma proposta didática que enfatiza aspectos interculturais considerando outros tipos de inglês.

Tema: Sotaques e mal-entendidos
Accents and misunderstanding

Objetivo: mostrar que existem sotaques diferentes entre os falantes de inglês.
to show that there are different accents amongst English speakers.

Tempo de duração: 30-40 minutos
Material: recorte de uma cena da série *Gilmore Girls* que ilustra como a personagem Mia teve que ser intermediada em uma situação comunicativa em que um dos participantes não se fez compreendido em função de seu sotaque francês.

Links do vídeo http://www.youtube.com/watch?v=4MJ2JKJGUHY

Atividade pré-vídeo

1. Você já ouviu diferentes sotaques do inglês, além do britânico e do americano? Onde?
2. Você consegue dar exemplos de sotaques diferentes?
3. Você acha que a variedade de sotaque pode afetar o entendimento e a comunicação entre falantes de diferentes nacionalidades?

Pre-activity
1. Have you ever heard different English accents, besides British and American ones? Where?
2. Can you give examples of different accents?
3. Do you think the variety of accent can affect the understanding communication amongst speakers of different nationalities?

(continua)

(continuação)

Tema: Sotaques e mal-entendidos
Accents and misunderstanding

Após as perguntas iniciais, os alunos assistirão ao vídeo e discutirão as questões abaixo (disponibilizadas antes de assistirem ao vídeo):

Atividade pós-vídeo
1. Você notou alguma diferença na forma como o homem fala e a mulher fala?
2. De onde você acha que o homem é?
3. Você conseguiu compreender o que ele disse?
4. Você acha difícil entender sotaques diferentes? Por quê? Conte-nos sobre isso.
5. Qual sua opinião sobre a seguinte afirmação de Mia: "Você está nos EUA há algum tempo. Sua comunicação deve estar melhor agora"?

Video activity
1. *Did you notice any difference in the way the man speaks and the woman speaks?*
2. *Where do you think he is from?*
3. *Were you able to understand what he said?*
4. *Do you think it is hard to understand different accents? Why? Tell us about it.*
5. *What do you think about Mia's statement: "You've been in the US quite some time. Your enunciation should be better by now"?*

(conclusão)

Tema: Sotaques e mal-entendidos
Accents and misunderstanding

Outras sugestões para promover reflexão a partir do vídeo:

1. Com base na frase de Michel "Os clientes parecem me entender muito bem", que tipo de falante você acha que ele é?
2. Na parte em que assistimos, parece que Mia só quer provocar Michel. Mesmo sendo uma "provocação", como podemos relacionar a atitude de Mia com o *status* do inglês no mundo hoje?

1. Based on Michel's sentence "*The customers seem to understand me just fine*", what kind of speaker do you think he is?
2. In the part we watched, it seems that Mia just wants to tease Michel. Even "teasing", how can we relate Mia's attitude to the status of English in the world today?

Atividade pós-reflexão

Para a próxima aula, traga um vídeo curto (máximo de 3 minutos, de séries de TV, filmes, entrevistas) ou músicas com diferentes sotaques do inglês. Em seguida, compartilhe com seus colegas, explicando a variedade do inglês e por que você a escolheu.

Post-activity:

For next class, bring a short video (maximum 3 minutes, tv series, movies, interviews) or songs showing different English accents. Then, share it with your colleagues, explaining the variety of English it is and why you chose it.

FONTE: Gimenez; Calvo; El Kadri, 2011, p. 309-311, tradução nossa.

A sequência de atividades permite expandir as reflexões e as possibilidades de revisar o ensino de inglês sob a ótica hegemônica que dá ênfase, demasiadamente, aos países que integram o círculo central. É um convite a pensar sobre a materialidade de um trabalho intercultural que seja capaz de provocar rupturas, deslocamentos e novos olhares identitários. Diante disso, concordamos com Siqueira (2011, p. 107) ao defender que a pedagogia intercultural crítica precisa promover

> o rompimento com a ideia de que apenas os países do círculo central, em especial Estados Unidos e Inglaterra, representam culturas alvo de língua inglesa requer, além de um repensar de posturas e atitudes, mudanças mais importantes no nível pragmático como, por exemplo, o redimensionamento dos objetivos curriculares dos nossos programas, no sentido de atender às necessidades específicas dos alunos, a inserção de conteúdos culturais globais, inclusive aqueles da cultura do aprendiz, desenvolvimento da sensibilidade ou competência intercultural, a adoção de abordagens críticas de ILF (Inglês como Língua Franca), assim como a inclusão e discussão regular de questões importantes e quase sempre ausentes dos livros didáticos relacionadas a temas como cidadania, democracia, raça, solidariedade, tolerância, diferença, pós-colonialismo, globalização, hibridização, cosmopolitismo, multiculturalismo, entre outros.

seispontodois
A globalização cultural e o impacto no ensino de línguas e na formação docente

Provavelmente, você já ouviu falar que a língua inglesa é a língua da globalização, e essa afirmação está representada no imaginário coletivo que reforça a necessidade da aprendizagem dessa língua por relações mercadológicas, ou seja, para possibilitar um emprego melhor, garantir a permanência nele ou, ainda, poder inserir-se no mundo, já que a tecnologia e a ciência produzem conhecimento vinculado ao uso do inglês. Mas quais seriam as problemáticas por trás dessa visão de língua como produto da sociedade neoliberal e capitalista em que vivemos?

Primeiramente, existe uma razão econômica que mantém a ideia do inglês como língua essencial e indispensável, pois há uma indústria lucrativa que se materializa na venda de cursos, *sites*, aplicativos, materiais didáticos, entre outros produtos e serviços associados ao idioma. Tal conjuntura reforça a percepção do inglês como um objeto de desejo ou, ainda, como *commodity*, como defendeu Jordão (2004), caso em que a língua inglesa passou a ser vista como objeto de consumo, legitimada por meio do discurso de que o conhecimento de inglês promove *status* social e oferece garantias de sucesso e ascensão social.

Assim como os conceitos de cultura e identidade, o termo *globalização* se apresenta como algo complexo e tem sido estudado em diferentes áreas do conhecimento. Nesse sentido, não temos como propósito propor uma definição, mas relacionar o fenômeno da globalização aos aspectos culturais e linguísticos, os quais evidenciamos nesta obra ao tecermos relações com a sala de aula.

Kumaravadivelu (2006, p. 131, grifo do original) explica – com base no *United Nations Report on Human Development* – que a globalização vem alterando o cenário mundial de pelo menos três maneiras:

- *A distância espacial está diminuindo: As vidas das pessoas – seus empregos, salários e saúde são afetados por acontecimentos no outro lado do mundo, frequentemente por acontecimentos que desconhecem.*
- *A distância temporal está diminuindo: Os mercados e as tecnologias agora mudam com uma velocidade sem precedente, com atos distantes ocorrendo no tempo real com impactos nas vidas das pessoas que vivem longe.*
- *As fronteiras estão desaparecendo: As fronteiras nacionais estão se dissolvendo, não somente em termos de comércio, capital e informação, mas também em relação a ideias, normas, culturas e valores.*

Como esclarece o autor, um dos fatores que têm potencializado essas mudanças é a comunicação eletrônica que acontece via internet. Os fluxos econômicos, sociais e culturais ocorrem hoje em uma velocidade vertiginosa graças à internet, que possibilita a conexão entre indivíduos e instituições, bem como a propagação rápida de ideias. Diante disso, observamos o fenômeno da globalização cultural, que acarreta a problemática, apresentada por

Kumaravadivelu (2006), do processo de homogeneização cultural ao colocar a cultura norte-americana de consumo como centro dominante. O autor expõe esse aspecto com a seguinte equação:

> *globalização = ocidentalização = norte-americanização = mcdonaldização [materializada através de] processos socioculturais pelos quais princípios básicos da indústria da comida rápida – a criação de produtos de consumo homogeneizado e a imposição de padrões uniformes – dão forma à paisagem cultural dos Estados Unidos e de outras partes do mundo.* (Kumaravadivelu, 2006, p. 132)

Essa homogeneização é ampliada à medida que circula livremente e acaba sendo bem-aceita principalmente por jovens e seus hábitos de consumo. Considerando-se as questões contemporâneas, é possível acrescentar que as redes sociais e o trabalho feito por *influencers* têm contribuído ainda mais para isso.

Como advoga Kumaravadivelu (2006, p. 135), ao pensarmos sobre o trabalho pedagógico que visa preparar o estudante para o mundo globalizado, não há como desconsiderar a responsabilidade dos professores, já que "lidam com uma língua que têm tanto características globais quanto coloniais". Ao ponderarmos sobre o papel do professor nesse cenário, Kumaravadivelu (2012) propõe o que ele chama de *epistemic break* – ruptura epistêmica. Assim como Mignolo (2008), o autor entende que, para mudar a realidade colonial, é preciso ser epistemologicamente desobediente, ou seja, questionar e problematizar os modelos hegemônicos e eurocêntricos de produção de conhecimento para reconhecer os saberes e modos de vida daqueles que foram silenciados e marginalizados.

A primeira estratégia para a ruptura epistêmica propostas por Kumaravadivelu (2012) seria romper com a centralidade dada à competência linguística do falante nativo. Kumaravadivelu (2012) nos convida a considerar os possíveis efeitos dessa centralidade à medida que este se torna um ideal, a maior autoridade ou modelo a ser conquistado no aprendizado de inglês. Como professores, é preciso fomentar o debate buscando romper com os discursos de que o curso que realmente funciona é o que tem professores nativos ou, ainda, que é ministrado nas escolas de línguas que preferem contratar professores nativos sem formação docente a profissionais não nativos da área de Letras.

Um segundo aspecto relacionado a essa ruptura diz respeito à dependência terminológica que acaba por promover a manutenção epistemológica do falante nativo: ESL (*English as a Second Language*), EFL (*English as a Foreign Language*), WE (*World English*), ELF (*English as a Lingua Franca*) etc. Todas essas terminologias dão ênfase ao inglês, com destaque para esta última, que define apenas o inglês como língua franca; porém, o inglês é uma das "línguas francas" possíveis, a depender dos variados contextos em que se priorizam outras línguas para essa função comunicativa. Essa ruptura, segundo o autor, representa uma mudança não apenas da forma como se utilizam esses termos, mas também da maneira como se pensa e se conduz a produção de conhecimento na área.

O terceiro aspecto a ser rompido relaciona-se com a produção de conhecimento centrado na cultura ocidental. Kumaravadivelu (2012) destaca que as pesquisas sobre aquisição de segunda língua estão intimamente relacionadas a conceitos como língua intermediária, petrificação, aculturação, comunicação e competência intercultural, que reforçam a epistemologia centrada na língua materna. Ao realizarmos pesquisas, devemos ter "clareza sobre as implicações éticas de nossas escolhas teóricas" (Moita Lopes, 2006, p. 98). Como pesquisadores e professores, todos nós precisamos entender que a maneira como vemos a linguagem e os aspectos relacionados à aprendizagem afeta a maneira como pensamos e conduzimos nossas salas de aula. Diante desses aspectos, vale a pena observar que não se trata de abdicar ou eliminar o conhecimento do Norte Global, mas de descentralizar o Norte como único detentor do conhecimento e colocá-lo em pé de igualdade com o Sul Global, reconhecendo a **ecologia de saberes**, como propõe Sousa Santos (2007) ao salientar a importância da coexistência de diferentes tipos de conhecimento e de suas interações sustentáveis e dinâmicas.

seispontotrês
Formação docente sob a perspectiva intercultural

A maneira como pensamos nossas aulas e formas de ensinar está intrinsecamente ligada à nossa história como aprendizes, bem como ao nosso processo formativo. Ser professor é assumir o compromisso de estar sempre estudando em busca de aperfeiçoamento profissional, mas também de ampliar horizontes para compreender as transformações sociais que exigem novas metodologias para alcançar as necessidades de nossos alunos. Ser professor é perceber-se como sujeito que tem o compromisso social na busca por promover uma educação que esteja engajada na responsabilidade ética e crítica.

Qual seria nosso papel como professores de línguas na complexidade do mundo contemporâneo? Como podemos pensar em uma formação continuada que possa contribuir para responder aos problemas educacionais vivenciados no contexto brasileiro? Qual a contribuição que o conhecimento linguístico de línguas estrangeiras pode proporcionar? Como pensar uma educação que se volte para o mundo multicultural e diverso em que vivemos? A educação é ainda a resposta para a transformação social? São muitas as perguntas que podemos elencar a respeito do papel do professor nesse cenário e, para suscitarmos reflexões sobre isso, tomamos emprestada a metáfora do milho apresentada por Andreotti (2013).

Imaginemos uma grande plantação de milho. Depois da floração, vem a colheita. Você então pega um cesto ou balaio e colhe diversas espigas, senta-se embaixo da sombra de uma árvore e começa a descascá-las: agora todas estão descascadas dentro desse cesto. Como você as enxerga? Como é esse milho para você? De que cor ele é? O que é possível preparar com esse milho?

Ao pensarmos nesse milho, há muitas possibilidades, pois ele é um ingrediente que faz parte da culinária brasileira. Vejamos, então, algumas possibilidades.

FIGURA 6.2 – PREPARAÇÕES COM O MILHO

Paulo Vilela/Shutterstock

Esses são apenas alguns exemplos de como o milho pode ser consumido em nossa cultura, mas você talvez esteja se perguntando: Qual é a relação entre a metáfora do milho e o papel do professor no cenário contemporâneo? Pois bem, o milho é um alimento que vem sendo cultivado há séculos e, no Peru, por exemplo, ele não existe apenas em tons amarelados como conhecemos popularmente. Existem espigas multicoloridas que acabam não sendo consideradas pela maioria das pessoas, ou seja, "quando as pessoas acreditam que existe apenas milho amarelo no mundo, apesar da existência real de milhos de várias outras cores, essas pessoas irão naturalmente 'pintar' (mental e narrativamente) os outros milhos também de amarelo, eliminando as outras variedades" (Andreotti et al., 2016, p. 135).

A metáfora visual apresentada por Andreotti (2013) nos instiga a refletir sobre a dificuldade de percebermos a diversidade, e isso acontece, muitas vezes, porque não temos contato prévio com outras perspectivas; assim, apenas conseguimos ver o milho amarelo, pois essa é nossa história com o milho, a qual tomamos como referência. A autora chama essa situação de *cegueira epistêmica*: o problema não está apenas em imaginar o milho amarelo, mas em acreditar que só existe esse milho, ou seja, somente essa possibilidade ou essa maneira de pensar e de construir conhecimento.

Figura 6.3 – Diversidade do milho no Peru

A metáfora trazida por Andreotti (2013) nos ajuda a compreender o papel fundamental que a educação assume ao promover possibilidades de se pensar para além do milho amarelo. Como forma de sintetizar o que temos discutido neste livro, apresentamos um quadro comparativo, elaborado por Andreotti (2008), que abrange uma educação intercultural crítica que valoriza o dissenso e a diversidade, sem apagar as diferenças ou eliminá-las, para assim promover o respeito e o compromisso ético com o outro. É essa educação que entendemos que poderá colorir as salas de aula mundo afora.

Quadro 6.1 – Comparação entre o papel do ensino tradicional e o papel do ensino crítico na educação intercultural

O papel do ensino tradicional	O papel do ensino crítico
Foco na transmissão ou construção de conteúdo/conhecimento predefinidos pelo professor ou currículo.	Foco na construção de habilidades críticas e relacionamentos éticos dentro do grupo.
O professor é o detentor de um conhecimento que muitas vezes é considerado "universal".	O professor tem um conhecimento parcial que é sempre culturalmente enviesado, como de todos os outros no grupo.
O professor decide o que é certo e o que é errado.	O professor encoraja os participantes a falarem e se envolverem criticamente com o que é dito e o com o que as outras pessoas dizem.
O professor tenta fazer com que as pessoas aceitem certos pontos de vista como verdade.	O professor tenta fazer com que as pessoas questionem/examinem suposições e implicações de qualquer visão.
Conflitos e contradições precisam ser "resolvidos".	Dissonância, conflitos e contradições são componentes necessários da prática.

(continua)

(Quadro 6.1 – conclusão)

O papel do ensino tradicional	O papel do ensino crítico
O professor promove o consenso e o acordo – os alunos aprendem a evitar ou resolver conflitos.	O professor afasta o grupo do consenso – os alunos aprendem: a) a pensar de forma independente; b) a discordar; e (ainda) respeitar uns aos outros; e c) a conviver com a diferença e a incerteza.
A segurança do ambiente é baseada na autoridade do professor.	A segurança do ambiente é baseada na confiança e no respeito pelas diferenças.

FONTE: Andreotti, 2008, p. 45, tradução nossa.

Com base nos elementos apresentados no Quadro 6.1, podemos perceber como o papel docente se modifica na promoção de uma educação crítica e intercultural. O docente passa a ser o encorajador, o questionador, o problematizador, e não mais o detentor ou transmissor do conhecimento. O contexto escolar faz parte da constituição identitária do estudante e, cada vez mais, precisa se construir como espaço acolhedor, sensível e aberto à colaboração e à escuta ativa, pois a educação deve estar engajada em promover, nas palavras de Pineda (2009, p. 110), "a construção de um 'nós diverso' [...] que facilite o processo de ver o 'outro' dentro de nós mesmos; perceber o 'outro' essencialmente diferente, mas, ao mesmo tempo, parte de 'nós'".

Síntese

Considerando as discussões promovidas neste capítulo, destacamos como pontos essenciais:

- O posicionamento docente diante das relações de poder que se vinculam à língua ensinada.
- O reconhecimento dos saberes que circulam no espaço escolar e as possibilidades de ampliar perspectivas no trabalho pedagógico.
- A globalização e a maneira como as línguas são enfatizadas ou marginalizadas nesse processo e a necessidade de incluir esse debate em sala.
- As mudanças de posicionamento que são colocadas para a construção de práticas críticas e interculturais na contemporaneidade.

Atividades de autoavaliação

1. Ao abordarem o inglês como língua franca, assumindo seu papel nas relações de comunicação entre nativos e não nativos e sua expansão global, Calvo, El Kadri e Gimenez (2014) sugerem que consideremos alguns aspectos. Analise as asserções a seguir e assinale a alternativa que não apresenta as ideias defendidas pelas autoras:
   a. A ressignificação dos motivos de se aprender inglês e a incorporação de outras variedades de inglês que não apenas a americana ou a britânica nos materiais usados e nas aulas ministradas.

b. A conscientização sobre o papel das línguas nas sociedades e as diferentes formas de interagir com pessoas ao redor do mundo por meio do inglês.
c. A compreensão da expansão do inglês no mundo e sua vinculação com a globalização econômica, além da necessidade de evidenciar o trabalho com temas sociais de alcance global na sala de aula.
d. A ênfase no uso do inglês padrão, pois, mesmo diante da diversidade, a língua é permeada por relações de poder e, por isso, não há como desenvolver um trabalho linguístico nessa perspectiva sem trabalhar com a gramática.
e. A criação de novos sentidos para as práticas sociais envolvendo leitura, escrita e oralidade por meio do uso do inglês e de suas relações na produção de conhecimento.

2. Leia o trecho para responder ao que se pede.

Preparar professores com qualidade tornou-se uma preocupação global à medida que todas as nações lutam pela excelência em todos os níveis. No entanto, há pouco consenso sobre o que constitui qualidade e como alcançar professores de qualidade. [...] O que o ensino de qualidade pode significar em um contexto global? O que os professores globalmente competentes devem saber e ser capazes de fazer? Quais são algumas das questões, dilemas, barreiras ou estruturas que parecem interferir na reforma da formação de professores e dificultar o movimento em direção à internacionalização na preparação de professores? (Goodwin, 2010, p. 19, tradução nossa)

Com base nas colocações do autor, é possível afirmar:

a. A formação docente precisa preparar os professores para o cenário intercultural global.
b. A educação está menos preocupada com as políticas de internacionalização.
c. A formação docente não prepara profissionais competentes para o cenário global.
d. A formação docente encontra desafios, mas tem mostrado resultados.
e. A educação intercultural é uma preocupação que diz respeito apenas ao currículo escolar.

3. Considerando-se as questões da ruptura epistêmica proposta por Kumaravadivelu (2012), qual dos aspectos a seguir não favorece essa ruptura?

a. A ênfase em culturas de prestígio.
b. A valorização do falante nativo.
c. O uso de algumas terminologias.
d. O uso apenas de materiais didáticos importados.
e. Todas as alternativas anteriores estão corretas.

4. Qual ou quais fatores estão relacionados à globalização segundo Kumaravadivelu (2012)?

a. A distância espacial.
b. A distância temporal.
c. O desaparecimento das fronteiras geográficas.
d. A homogeneização do consumo.
e. Todas as alternativas anteriores estão corretas.

5. Qual é a contribuição do uso do círculo de Kachru para se pensar sobre o ensino de língua inglesa?
   a. A contemplação das variedades do inglês, fazendo com que os usuários dos livros não construam apenas uma versão da cultura/país que estão estudando.
   b. Mostrar quais são os lugares falantes de inglês de prestígio para focar o ensino das variantes.
   c. A possibilidade de pensar a língua inglesa como língua global, apagando as possíveis relações de colonialidade da língua.
   d. Conceder mais espaço para outras vozes e locais que não têm a língua inglesa como língua materna ou oficial e fomentar a globalização.
   e. Todas as alternativas anteriores estão corretas.

Atividades de aprendizagem

Questões para reflexão

1. Analise o trecho a seguir.

   Nas sociedades contemporâneas, a escola é o local de estruturação de concepções de mundo e de consciência social, de circulação e de consolidação de valores, de promoção da diversidade cultural, da formação para a cidadania, da constituição de sujeitos sociais e de desenvolvimento de práticas pedagógicas. O processo formativo pressupõe o reconhecimento da pluralidade e da alteridade, condições básicas da liberdade para o exercício da crítica, da criatividade, do debate entre ideias e para o reconhecimento, respeito, promoção e valorização da diversidade. Para que esse processo ocorra e a escola possa contribuir para a educação em direitos humanos, é importante garantir dignidade, igualdade de oportunidades, exercício da participação e da autonomia aos membros da comunidade escolar. (Brasil, 2018, p. 18)

Qual seria a concepção de cultura presente no documento? Você consegue aproximar essa visão de algum(a) autor(a) que trabalhamos neste livro?

2. Liste os aspectos apresentados nas propostas para uma educação intercultural que você acredita que fazem parte de seu contexto acadêmico e/ou profissional. Em suma, quais aspectos você acredita que são praticados e em que situações eles aparecem?

Atividade aplicada: prática

1. Encontre um professor ou professora de língua estrangeira para fazer uma entrevista. Procure conversar sobre a forma como ele(a) vê a questão do trabalho intercultural em sala de aula e sobre os desafios que ele(a) percebe nesse contexto. Questione se ele(a) recebeu algum tipo de formação docente referente a essa temática.

{

ns finais

C BUSCAMOS APRESENTAR NESTE livro os principais conceitos relacionados ao ensino de línguas e à interculturalidade. Entendemos que, como pontuamos no início desta obra, muitos desses conceitos aparecem de maneira introdutória, tendo em vista a complexidade e a amplitude de seus usos nas pesquisas do cenário educacional. No entanto, acreditamos que o conteúdo apresentado pode contribuir para a expansão das reflexões desenvolvidas no processo de formação docente e nas práticas pedagógicas, favorecendo, assim, a construção de uma nova maneira de pensar a aula de línguas.

Iniciamos esta obra com uma citação da escritora nigeriana Chimamanda Ngozi Adichie (2009), a qual nos provoca a refletir sobre as consequências da história única ao distanciar as narrativas do ser, as identidades dos sujeitos. Apagam-se e silenciam-se vozes, culturas e saberes, fazendo-nos enxergar apenas uma versão, ou ainda, apenas o milho amarelo, conforme a metáfora apresentada por Andreotti et al. (2016, p. 135):

> *O problema surge na forma com que este saber limitado se propaga pelo mundo e na relação que estabelecemos com ele, dando-lhe força para se impor como forma de saber e para se reproduzir como a única possibilidade válida de conhecimento, o que marginaliza ou mesmo inviabiliza outras formas de conhecimento. Assim, voltando à nossa metáfora, a forma do "milho amarelo" acaba se transformando na única possibilidade narrativa de progresso, desenvolvimento e evolução da humanidade. A existência dessa narrativa única é problemática.*

Entendemos que o papel docente na contemporaneidade deve contribuir para aprimorar as habilidades dos estudantes em sua formação ética e no desenvolvimento da autonomia intelectual e do pensamento crítico. Para isso, as escolhas temáticas a serem trabalhadas devem permear a vida social dos estudantes de maneira a expandir as perspectivas interpretativas, promovendo maior contato com o mundo plural em que estamos inseridos. O trabalho voltado para o exercício da cidadania e da responsabilidade para com o outro é um compromisso do professor na contemporaneidade, e a aula de língua estrangeira pode efetivar essas práticas ao olhar para além do aspecto linguístico, tomando a língua como ponto de partida, mas não se encerrando nela mesma. Que possamos ouvir outras histórias e enxergar outras cores!

referências

ADICHIE, C. N. O perigo da história única. TED, out. 2009. Disponível em: <https://www.ted.com/talks/chimamanda_ngozi_adichie_the_danger_of_a_single_story?language=pt> Acesso em: 26 dez. 2022.

AGUIAR, M. J. D. de. Formação de professores e o ensino de leitura crítica de gêneros. Linguagens e Cidadania, v. 5, n. 1, jan./jun. 2003. Disponível em: <http://www.ufsm.br/lec/01_03/Marcia.htm>. Acesso em: 26 dez. 2022.

ANDREOTTI, V. O. Actionable Postcolonial Theory in Education. New York: Palgrave Macmillan, 2011. (Postcolonial Studies in Education).

ANDREOTTI, V. O. Conhecimento, escolarização, currículo e a vontade de "endireitar" a sociedade através da educação. Revista Teias, v. 14, n. 33, p. 215-227, 2013.

ANDREOTTI, V. Innovative Methodologies in Global Citizenship Education: the OSDE Initiative. In: GIMENEZ, T.; SHEEHAN, S. (Ed.). **Global Citizenship in the English Language Classroom**. British Council: United Kingdom Department, 2008. p. 40-47.

ANDREOTTI, V. O. et al. Internacionalização da educação brasileira: possibilidades, paradoxos e desafios. In: LUNA, J. M. F. **Internacionalização do currículo: educação, interculturalidade e cidadania global**. Campinas, SP: Pontes, 2016. p. 129-153.

BAUMAN, Z. **Ensaio sobre o conceito de cultura**. Tradução de Carlos Alberto Medeiros. Rio de Janeiro: Zahar, 2012.

BENVENISTE, E. **Problemas de linguística geral I**. 2. ed. Campinas, SP: Pontes; Ed. da Unicamp, 1988.

BIESTA, G. Against Learning. Reclaiming a Language for Education in an Age of Learning. **Nordisk Pedagogik**, v. 25, p. 54-66, 2005.

BIESTA, G. **Para além da aprendizagem: educação democrática para um futuro humano**. Belo Horizonte: Autêntica, 2013.

BRAHIM, A. C. S. de M. et al. **A linguagem na vida**. Campinas, SP: Pontes, 2021.

BRASIL. Lei n. 9.394, de 20 de dezembro de 1996. **Diário Oficial da União**, Poder Legislativo, Brasília, DF, 23 dez. 1996. Disponível em: <https://www.planalto.gov.br/ccivil_03/leis/l9394.htm>. Acesso em: 26 dez. 2022.

BRASIL. Lei n. 13.415, de 16 de fevereiro de 2017. **Diário Oficial da União**, Poder Executivo, Brasília, DF, 17 fev. 2017a. Disponível em: <https://www.planalto.gov.br/ccivil_03/_ato2015-2018/2017/lei/l13415.htm>. Acesso em: 26 dez. 2022.

BRASIL. Ministério da Educação. Conselho Nacional de Secretarias de Educação. **Base Nacional Curricular Comum**. 2. versão rev. Brasília, 2016.

BRASIL. Ministério da Educação. Secretaria de Educação Básica. **Base Nacional Comum Curricular**. Brasília, 2017b.

BRASIL. Secretaria Especial dos Direitos Humanos. Comitê Nacional de Educação em Direitos Humanos. **Plano Nacional de Educação em Direitos Humanos**: 2007. Brasília, 2018.

CALVO, L. C. S.; EL KADRI, M. S.; GIMENEZ, T. Inglês como língua franca na sala de aula: sugestões didáticas. In: EL KADRI, M.; PASSONI, T. P.; GAMERO, R. (Org.). **Tendências contemporâneas para o ensino de língua inglesa**: propostas didáticas para a educação básica. Campinas, SP: Pontes, 2014. p. 299-316.

CÂMARA, É.; DEGACHE, C. As biografias linguísticas como ferramenta de construção da identidade dos alunos. In: SIMPÓSIO INTERNACIONAL TRABALHO, RELAÇÕES DE TRABALHO, EDUCAÇÃO E IDENTIDADE, 8., 2020. Anais... Sitre, 2020.

CANAGARAJAH, S. **Translingual Practice**: Global Englishes and Cosmopolitan Relations. Abingdon: Routledge, 2013.

CANAGARAJAH, A. S.; WURR, A. J. Multilingual Communication and Language Acquisition: New Research Directions. **The Reading Matrix**, v. 11, n. 1, p. 1-15, Jan. 2011.

CANALE, M.; SWAIN, M. Theoretical Bases of Communicative Approaches to Second Language Teaching and Testing. **Applied Linguistics**, v. 1, n. 1, p. 1-47, 1980.

CANDAU, V. M. F. Sociedade multicultural e educação: tensão e desafios. In: CANDAU, M. V. (Org.). **Cultura(s) e educação**: entre o crítico e o pós-crítico. Rio de Janeiro: DP&A, 2005. p. 13-38.

CANDAU, V. M. F. Diferenças culturais, interculturalidade e educação em direitos humanos. **Educação e Sociedade**, Campinas, v. 33, n. 118, p. 235-250, jan./mar. 2012.

CANDAU, V. M. F. Ser professor/a hoje: novos confrontos entre saberes, culturas e práticas. **Educação**, Porto Alegre, v. 37, n. 1, p. 33-41, jan./abr. 2014. Disponível em: <https://revistaseletronicas.pucrs.br/ojs/index.php/faced/article/view/15003>. Acesso em: 26 dez. 2022.

CERVETTI, G.; PARDALES, M. J.; DAMICO, J. S. A Tale of Differences: Comparing the Traditions, Perspectives, and Educational Goals of Critical Reading and Critical Literacy. **Reading Online**, v. 4, n. 9, 2011.

CHAUI, M. A linguagem. In: CHAUI, M. **Convite à filosofia**. 13. ed. São Paulo: Ática, 2006. p. 136-151.

COMPETÊNCIA. In: **Dicionário online de português**. Disponível em: <https://www.dicio.com.br/competencia>. Acesso em: 26 dez. 2022.

CORACINI, M. J. A celebração do outro. In: CORACINI, M. J. (Org.). **Identidade e discurso**. Campinas, SP: Ed. da Unicamp; Chapecó: Argos, 2003. p. 197-221.

CORBET, J. **Intercultural Language Activities**. Cambridge: Cambridge University Press, 2009.

COSTA, M. A. Estruturalismo. In: MARTELOTTA, M. E. (Org.). **Manual de linguística**. São Paulo: Contexto, 2008. p. 113-126.

COUTO, M. **Pensageiro frequente**. Lisboa: Editorial Caminho, 2010.

CRISTOVÃO, V. L. L.; CANATO, A. P.; ANJOS-SANTOS, L. M. Análise do livro didático de língua estrangeira moderna no PNLD (2011): reflexões necessárias. In: MULIK, K. B.; RETORTA, M. S. (Org.). **Avaliação no ensino-aprendizagem de línguas estrangeiras: diálogos, pesquisas e reflexões**. Campinas, SP: Pontes, 2014. p. 193-218.

CUQ, J.-P. (Org.). **Dictionnaire de didactique du français langue étrangère et seconde**. Paris: CLE International, 2003.

DAGIOS, M. G. As concepções de interculturalidade e suas aplicações no ensino de língua inglesa: uma análise da visão dos professores do sudoeste do Paraná. Dissertação (Mestrado em Educação) – Programa de Pós-Graduação em Educação, Universidade Federal do Paraná, Curitiba, 2010.

DIAS, L. S.; GOMES, M. L. de C. **Estudos linguísticos**: dos problemas estruturais aos novos campos de pesquisa. Curitiba: Ibpex, 2008.

DORNBUSCH, C. S. Um cânone da literatura alemã nos trópicos. Tese (Doutorado em Letras) – Universidade de São Paulo, São Paulo, 1997.

DUBOC, A. P. M. **Atitude curricular**: letramentos críticos nas brechas da formação de professores de inglês. 258 f. Tese (Doutorado em Letras) – Universidade de São Paulo, São Paulo, 2012.

DUBOC, A. P. M. Gentilezas brutas acolá... E aqui! Por uma pedagogia da interrupção na formação docente. In: JORDÃO, C. M.; MARTINEZ, J. Z.; MONTE MÓR, W. (Org.). **Letramentos em prática na formação inicial de professores de inglês**. Campinas, SP: Pontes, 2018. p. 51-81.

DUBOC, A. P. Letramento crítico nas brechas da sala de aula de línguas estrangeiras. In: TAKAKI, N. H.; MACIEL, R. F. (Org.). **Letramentos em terra de Paulo Freire**. Campinas, SP: Pontes, 2014. p. 209-229.

EAGLETON, T. A ideia de cultura. São Paulo: Ed. da Unesp, 2005.

EDMUNDO, E. S. G. **Letramento crítico no ensino de inglês na escola pública**: planos e práticas nas tramas da pesquisa. Campinas, SP: Pontes, 2013.

FABRÍCIO, B. F. O processo de negociação de novas identidades. In: SZUNDY, P. T. C. et al. (Org.). **Linguística aplicada e sociedade**: ensino e aprendizagem de línguas no contexto brasileiro. Campinas, SP: Pontes, 2011. p. 137-157.

FERRAZ, D. de M. Multiletramentos: epistemologias, ontologias ou pedagogias? Ou tudo isso ao mesmo tempo? In: GUALBERTO, C. L.; PIMENTA, S. M. de O.; SANTOS, Z. B. dos (Org.). **Multimodalidade e ensino: múltiplas perspectivas**. São Paulo: Pimenta Cultural, 2018. p. 69-93.

FLEURI, R. M. Educação intercultural: a construção da identidade e da diferença nos movimentos sociais. **Perspectiva**, Florianópolis, p. 405-423, jul./dez. 2002. Disponível em: <https://periodicos.ufsc.br/index.php/perspectiva/article/view/10410#:~:text=Resumo,na%20educa%C3%A7%C3%A3o%20popular%20e%20escolar>. Acesso em: 26 dez. 2022.

FOGAÇA, F. C. Conflito e desenvolvimento: duas faces da mesma moeda. In: CRISTOVÃO, V. L. (Org.). **Atividade docente e desenvolvimento**. Campinas: Pontes, 2011. p. 91-105. (Novas Perspectivas em Linguística Aplicada, v. 16).

FOGAÇA, F. C. et al. Entrevista com Clarissa Jordão. **Revista X**, [S.l.], v. 12, n. 1, p. 187-194, ago. 2017.

GEE, J. P. **An Introduction to Discourse Analysis**: Theory and Method. London: Routledge, 1999.

GEERTZ, C. **A interpretação das culturas**. Rio de Janeiro: Zahar, 1973.

GIMENEZ, T. "Eles comem cornflakes, nós comemos pão com manteiga": para reflexão sobre cultura na aula de língua estrangeira. In: ENCONTRO DE PROFESSORES DE LÍNGUAS ESTRANGEIRAS, 9., 2002, Londrina. Disponível em: <https://docs.ufpr.br/~marizalmeida/celem_II/arquivos/UNIDADE%20I%20%20Cornflakes_GIMENEZ.pdf>. Acesso em: 26 dez. 2022.

GIMENEZ, T.; CALVO, L. C. S.; EL KADRI, M. S. et al. (Org). **Inglês como língua franca**: ensino-aprendizagem e formação de professores. Campinas, SP: Pontes, 2011.

GOODWIN, A. L. Globalization and the Preparation of Quality Teachers: Rethinking Knowledge Domains for Teaching. **Teaching Education**, v. 21, n. 1, p. 19-32, 2010. Disponível em: <https://edisciplinas.usp.br/pluginfile.php/144901/mod_resource/content/1/Goodwin%20-%20Globalization%20and%20the%20preparation%20of%20teachers.pdf>. Acesso em: 26 dez. 2022.

GRIGOLLETO, M. Língua e identidade: representações da língua estrangeira no discurso de futuros professores de inglês. In: GRIGOLLETO, M.; CARMAGNANI, A. M. G. (Org.). **Inglês como língua estrangeira:** identidade, práticas e textualidade. São Paulo: Humanitas/FFLCH/USP, 2001. p. 135-152.

HALL, S. A identidade cultural na pós-modernidade. Tradução de Tomaz Tadeu da Silva e Guaciara Lopes Louro. Rio de Janeiro: Lamparina, 2004.

JORDÃO, C. M. A língua inglesa como commodity: direito ou obrigação de todos? **Conhecimento Local e Conhecimento Universal**, v. 3, n. 1, p. 272-295, 2004.

JORDÃO, C. M. Abordagem comunicativa, pedagogia crítica e letramento crítico: farinhas do mesmo saco? In: ROCHA, C. H.; MACIEL, R. F. (Org.). **Língua estrangeira e formação cidadã:** por entre discursos e práticas. Campinas, SP: Pontes, 2013a. p. 69-90.

JORDÃO, C. M. Letramento crítico: complexidade e relativismo em discurso. In: CALVO, L. C. S. et al. (Org.). **Reflexões sobre ensino de línguas e formação de professores no Brasil:** uma homenagem à professora Telma Gimenez. Campinas, SP: Pontes, 2013b. p. 349-369.

JORDÃO, C. M. O ensino de línguas estrangeiras: de código a discurso. In: VAZ BONI, V. **Tendências contemporâneas no ensino de línguas.** União da Vitória: Kaygangue, 2006. p. 26-32.

JORDÃO, C. M. et al. O PIBID-UFPR nas aulas de inglês: divisor de águas e formador de marés. Campinas, SP: Pontes, 2013.

JORDÃO, C. M.; MARTINEZ, J. Z. Fundamentos do texto em língua inglesa II. Curitiba: Iesde, 2009.

KACHRU, B. World Englishes and Applied Linguistics. World Englishes, v. 9, n. 1, p. 3-20, 1991.

KALANTZIS, M.; COPE, B. New Learning: Elements of a Science of Education. New York: Cambridge University Press, 2008.

KAWACHI, G. J. Ensino de inglês para a interculturalidade: investigando práticas e representações discentes no PROFIS/UNICAMP. Tese (Doutorado em Linguística Aplicada) – Instituto de Estudos da Linguagem, Universidade Estadual de Campinas, Campinas, 2015.

KAWACHI, G. J. "A brasileira-francesa", "o homem perfeito", "a americana patricinha": representações culturais e educação crítica no ensino de inglês em contexto universitário. In: FERRAZ, D. M; KAWACHI-FURLAN, C. J. (Org.). Educação linguística em línguas estrangeiras. Campinas, SP: Pontes, 2018. p. 1-172.

KAWACHI, G. J.; LIMA, A. P. de. Aspectos culturais na formação cidadã em um livro didático de inglês para crianças. In: ROCHA, C. H.; MACIEL, R. F. (Org.). Língua estrangeira e formação cidadã: por entre discursos e práticas. Campinas, SP: Pontes, 2013. p. 91-110.

KERN, R. Literacy and Language Teaching. New York: OUP, 2000.

KRAMSCH, C. Context and Culture in Language Teaching. Oxford: Oxford University Press, 1993.

KRAMSCH, C. Cultura no ensino de língua estrangeira. Bakhtiniana, São Paulo, v. 12, n. 3, p. 134-152, dez. 2017a. Disponível em: <https://www.scielo.br/j/bak/a/8B3QB3FB5Nv7KFZRmrXrS5H/abstract/?lang=pt>. Acesso em: 26 dez. 2022.

KRAMSCH, C. The Cultural Discourse of Foreign Language Textbooks. In: TÍLIO, R.; FERREIRA, A. de J. (Org.). **Innovations and Challenges in Language Teaching and Materials Development**. Campinas, SP: Pontes, 2017b. p. 13-58.

KRAUSE-LEMKE, C. Translinguagem: uma abordagem dos estudos em contexto estrangeiro e brasileiro. **Trabalhos em Linguística Aplicada**, Campinas, v. 59, p. 2071-2101, set./dez. 2020. Disponível em: <https://www.scielo.br/j/tla/a/pWQK3Q5r9bcNQfsnmrFkyGb/abstract/?lang=pt>. Acesso em: 26 dez. 2022.

KUMARAVADIVELU, B. **Beyond Methods**: Macrostrategies for Language Teaching. New Haven/London: Yale University Press, 2013.

KUMARAVADIVELU, B. A linguística aplicada na era da globalização. In: MOITA LOPES, L. P. da (Org.). **Por uma linguística aplicada indisciplinar**. São Paulo: Parábola, 2006. p. 129-148.

KUMARAVADIVELU, B. Individual Identity, Cultural Globalization and Teaching English as an International Language: the Case for an Epistemic Break. In: ALSAGOFF, L. et al. (Ed.). **Teaching English as an International Language: Principles and Practices**. New York: Routledge, 2012. p. 9-27.

LARAIA, R. B. **Cultura**: um conceito antropológico. 24. ed. Rio de Janeiro: Zahar, 2009.

LIMA, C. (Coord.). **A Brief Introduction to Critical Literacy in English Language Education**. Brasília: ELTECS/British Council Brazil/CSSGJ (University os Nottingham), 2006. Disponível em: <http://www.teachingenglish.org.uk/sites/teacheng/files/Booklet_A%20Brief%20

Introduction%20to%20CL_%202006edition.pdf>. Acesso em: 26 dez. 2022.

LINGUAGEM. In: Caldas Aulete. Disponível em: <https://www.aulete.com.br/linguagem>. Acesso em: 26 dez. 2022.

MAHER, T. M. A. Educação do entorno para a interculturalidade e o plurilinguismo. In: KLEIMAN, A. B.; CAVALCANTI, M. C. (Org.). **Linguística aplicada: suas faces e interfaces**. Campinas, SP: Mercado de Letras, 2007. p. 255-270.

MALAVER, I. Autobiografia linguística: atitudes, crenças e reflexões para o ensino de línguas. **Revista EntreLínguas**, Araraquara, v. 6, n. 1, p. 176-193, jan./jun. 2020. Disponível em: <https://periodicos.fclar.unesp.br/entrelinguas/article/view/13664>. Acesso em: 26 dez. 2022.

MARCUSCHI, L. A. **Produção textual, análise de gêneros e compreensão**. São Paulo: Parábola, 2008.

MEGALE, A. Por uma educação bilíngue intercultural comprometida com a promoção de justiça social. In: EL KADRI, M. S.; SAVIOLLI, V. B.; MOLINARI, A. C. (Org.). **Educação de professores para o contexto bi/multilíngue: perspectivas e práticas**. Campinas, SP: Pontes, 2022. p. 59-76.

MIGNOLO, W. Desobediência epistêmica: a opção decolonial e o significado de identidades em política. **Cadernos de Letras da UFF, Dossiê: Literatura, língua e identidade**, n. 34, p. 287-324, 2008. Disponível em: <http://professor.ufop.br/sites/default/files/tatiana/files/desobediencia_epistemica_mignolo.pdf>. Acesso em: 26 dez. 2022.

MOITA-LOPES, L. P. Inglês no mundo contemporâneo: ampliando oportunidades sociais por meio da educação. Texto básico apresentado no Simpósio Inglês no Mundo Contemporâneo: Ampliando Oportunidades Sociais por Meio da Educação, patrocinado pela TESOL International Foundation. São Paulo: Centro Brasileiro Britânico, 2005.

MOITA LOPES, L. P. (Org.). Por uma linguística aplicada indisciplinar. São Paulo: Parábola, 2006.

MONTE MÓR, W. Letramentos críticos e expansão de perspectivas: diálogo sobre práticas. In: JORDÃO, C. M.; MARTINEZ, J. Z.; MONTE MÓR, W. (Org.). Letramentos em prática na formação inicial de professores de inglês. Campinas, SP: Pontes, 2018. p. 315-335.

MULIK, K. B. M. Letramentos (auto)críticos no ensino de língua inglesa no ensino médio: uma pesquisa autoetnográfica. 221 f. Tese (Doutorado em Letras) – Universidade de São Paulo, São Paulo, 2021.

MUSSALIN, F. Linguística I. Curitiba: Iesde, 2009.

PINEDA, F. L. "É hora de sacudir os velhos preconceitos e de construir a Terra: sobre a educação intercultural". In: CANDAU, V. M. (Org.). Educação intercultural na América Latina: entre concepções, tensões e propostas. Rio de Janeiro: 7Letras, 2009. p. 94-123.

RAJAGOPALAN, K. Professor de línguas e a suma importância do seu entrosamento na política linguística de seu país. In: CORREIA, D. A. (Org.). Política linguística e ensino de língua. Campinas, SP: Pontes, 2014. p. 73-82.

RAJAGOPALAN, K. Prefácio – Letramento e pensamento crítico. In: JORDÃO, C. M.; MARTINEZ, J. Z.; MONTE MÓR, W. (Org.). Letramentos em prática na formação inicial de professores de inglês. Campinas, SP: Pontes, 2018. p. 7-10.

RAJAGOPALAN, K. Por uma linguística crítica: linguagem, identidade e a questão ética. São Paulo: Parábola, 2003.

RAMOS, K. L.; NOGUEIRA, E. M. L.; FRANCO, Z. G. E. A interculturalidade crítica como alternativa para uma educação crítica e decolonial. Eccos, São Paulo, n. 54, p. 1-10, jul./set. 2020. Disponível em: <https://periodicos.uninove.br/eccos/article/view/17339>. Acesso em: 26 dez. 2022.

RAWLINGS, A. Emojis: como um mesmo símbolo pode significar parabéns e sexo em diferentes culturas. **BBC News**, 2 fev. 2019. Disponível em: <https://www.bbc.com/portuguese/vert-fut-47008424>. Acesso em: 26 dez. 2022.

REDAÇÃO GUIA DA SEMANA. **O homem ao lado**. Disponível em: <https://www.guiadasemana.com.br/cinema/sinopse/o-homem-ao-lado>. Acesso em: 26 dez. 2022.

RIOS-REGISTRO, E. S. As representações que alunos-professores e formadores do curso de Letras constroem sobre prescrição. In: CRISTOVÃO, V. L. (Org.). **Atividade docente e desenvolvimento**. Campinas, SP: Pontes, 2011. p. 53-65. (Novas Perspectivas em Linguística Aplicada, v. 16).

ROCHA, C. H. **Reflexões e propostas sobre língua estrangeiras no ensino fundamental I: plurilinguismo, multiletramentos e transculturalidade**. Campinas, SP: Pontes, 2012.

ROCHA, C. H.; MACIEL, R. F. Ensino de língua estrangeira como prática translíngue: articulações com teorizações bakhtinianas. **Delta**, v. 31, n. 2, p. 411-445, 2015. Disponível em: <https://www.scielo.br/j/delta/a/yxKXNQQqJPQ3tLPVH9fFyFg/?format=pdf&lang=pt>. Acesso em: 26 dez. 2022.

RODRIGUES, M. D.; SILVESTRE, V. P. V. Interculturalidade crítica e educação linguística: problematizando (des)invenções. **Cadernos de Gênero e Diversidade**, v. 6, n. 3, p. 407-429, jul./set. 2020.

SACHS, G. Abordagem do ciclo de políticas: uma proposta de uso para pesquisas em linguística aplicada. In: CALVO, L. C. S. et al. (Org.). **Reflexões sobre ensino de línguas e formação de professores no Brasil: uma homenagem à professora Telma Gimenez**. Campinas, SP: Pontes, 2013. p. 437-450.

SANT'ANA, L. My Fair Lady: uma representação do papel das linguagens na vida do indivíduo. **Obvious**. Disponível em: <http://lounge.obviousmag.org/bibliotela/2014/03/my-fair-lady-uma-representacao-do-papel-das-linguagens-na-vida-do-individuo.html>. Acesso em: 26 dez. 2022.

SANTIAGO, C. M.; AKKARI, A.; MARQUES, L. Educação intercultural: desafios e possibilidades. Petrópolis: Vozes, 2013.

SANTOS, G. N.; MASTRELLA-DE-ANDRADE, M. Ensino de línguas, material didático e identidade de classe social. In: TÍLIO, R.; JESUS FERREIRA, A. (Org.). **Innovations and Challenges in Language Teaching and Materials Development**. Campinas, SP: Pontes, 2017. p. 143-172.

SENA, F. S. de; CAVALCANTE, M. C. B. A utilização dos gestos por surdos oralizados. In: SIMPÓSIO MUNDIAL DE ESTUDOS DE LÍNGUA PORTUGUESA, 7., 2019, Porto de Galinhas.

SHOR, I. What is Critical Literacy? Journal of Pedagogy, Pluralism, and Practice, v. 1, n. 4, article 2, 1999. Disponível em: <https://digitalcommons.lesley.edu/jppp/vol1/iss4/2>. Acesso em: 26 dez. 2022.

SILVA, G. dos S. da. Cultura e representações do livro didático de língua inglesa do PNLD. 196 f. Tese (Doutorado em Letras) – Universidade Federal do Paraná, Curitiba, 2020.

SIQUEIRA, S. Se o inglês está no mundo, onde está o inglês nos materiais didáticos de inglês? In: SCHYERL, D.; SIQUEIRA, S. (Org.) Materiais didáticos para o ensino de língua na contemporaneidade: contestações e proposições. Salvador: Edufba, 2012. p. 311-353.

SIQUEIRA, S. Inglês como língua franca: o desafio de ensinar um idioma desterritorializado. In: GIMENEZ, T.; CALVO, L. C. S.; EL KADRI,

M. S. (Org.). Inglês como língua franca: ensino-aprendizagem e formação de professores. Campinas, SP: Pontes, 2011. p. 87-115.

SOUSA SANTOS, B. Beyond Abyssal Thinking: from Global Lines to Ecologies of Knowledge. Review, v. 30, n. 1, p. 45-89, 2007.

SOUZA, L. M. T. M. Educação linguística: repensando os conceitos de língua e linguagem. In: FERRAZ, D. de M.; KAWACHI-FURLAN, C. J. (Org.). Bate-papo com educadores linguísticos: letramentos, formação docente e criticidade. São Paulo: Pimenta Cultural, 2019. p. 244-258.

SOUZA, L. M. T. M. Para uma redefinição de letramento crítico: conflito e produção de significação. In: MACIEL, R. F.; ARAÚJO, V. de A. (Org.). Formação de professores de línguas: ampliando perspectivas. Jundiaí: Paco, 2011. p. 128-140.

SOUZA, L. M. T. M. et al. Diálogos com Paulo Freire: educação, linguística aplicada e decolonialidade. In: BRAHIM, A. C. S. M.; BEATO-CANATO, A. P. M. (Org.). Pedagogia freireana, educação linguística e linguística aplicada. São Paulo: Pimenta Cultural, 2022. p. 226-281.

TELLES, R.; WELP, A. A educação bilíngue decolonial sob as lentes da pedagogia translíngue. In: EL KADRI, M. S.; SAVIOLLI, V. B.; MOLINARI, A. C. (Org.). Educação de professores para o contexto bi/multilíngue: perspectivas e práticas. Campinas, SP: Pontes, 2022. p.77-93.

TÍLIO, R. The Contemporary Coursebook: Introducing a New Proposal. In: TÍLIO, R.; JESUS FERREIRA, A. (Ed.). Innovations and Challenges in Language Teaching and Materials Development. Campinas, SP: Pontes, 2017. p. 59-92.

UPHOFF, D. A história dos métodos de ensino de inglês no Brasil. In: BOLOGNINI, C. Z. (Org.). **A língua inglesa na escola: discurso e ensino**. Campinas, SP: Mercado de Letras, 2008. p. 9-15.

VOLOCHINOV, V. N. **Marxismo e filosofia da linguagem**. Tradução de Michel Lahud e Yara Frateschi Vieira. 11. ed. São Paulo: Hucitec, 2004.

WALSH, C. Interculturalidad crítica y educación intercultural. In: VIAÑA, J.; TAPIA, L.; WALSH, C. (Ed.). **Construyendo interculturalidad crítica**. La Paz: Instituto Internacional de Integración, 2010.

WENGER, E. **Communities of Practice**: Learning, Meaning and Identity. Cambridge: Cambridge University Press, 2008.

WIDIYANTO, Y, N. **The Interconnectedness between Translingual Negotiation Strategies and Translingual Identities**: a Qualitative Study of an Intensive English Program in Gorontalo – Indonesia. Dissertation – The Ohio State University, Ohio, 2016.

XAVIER, R. Representação social e ideologia: conceitos intercambiáveis? **Psicologia & Sociedade**, v. 14, n. 2, p. 18-47, jul./dez. 2002. Disponível em: <http://www.scielo.br/pdf/psoc/v14n2/v14n2a03.pdf>. Acesso em: 26 dez. 2022.

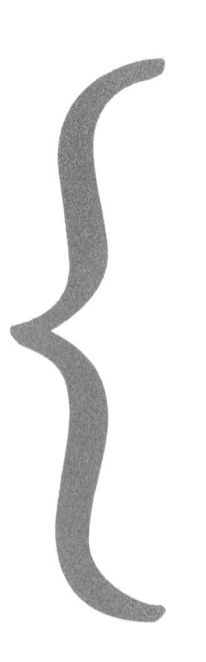

{

bibliografia comentada

CORREA, D. A. (Org.) **Política linguística e ensino de língua.** Campinas, SP: Pontes, 2014.

A obra apresenta discussões pertinentes e atuais para o cenário do ensino de línguas, abrangendo processos históricos, socioculturais, linguísticos e políticos relacionados às práticas de linguagem. O livro reúne capítulos de autores e pesquisadores que buscam contribuir com reflexões nesse campo de estudos, possibilitando que os professores de línguas estrangeiras estejam mais engajados no trabalho pedagógico por meio da construção de práticas mais informadas e que assumem um caráter intervencionista. A obra favorece que os professores reflitam sobre as implicações de suas escolhas pedagógicas, bem como a respeito das contribuições que essas escolhas podem potencializar nas relações de ensino-aprendizagem.

FERRAZ, D. M.; KAWACHI-FURLAN, C. J. (Org.) Educação linguística em línguas estrangeiras. Campinas, SP: Pontes, 2018.

A obra organizada por Daniel de Mello Ferraz e Claudia Jotto Kawachi-Furlan conta com uma rica e ampla discussão sobre o ensino de línguas estrangeiras no contexto brasileiro por meio de temáticas como o ensino crítico, as reflexões ontológicas e epistemológicas, o papel do livro didático, a afetividade e a amorosidade, as pesquisas no contexto da escola pública, a globalização, a formação docente e a educação intercultural. Os capítulos apresentam reflexões profundas, mas com uma linguagem acessível e fluida. Trata-se de uma obra altamente recomendada para professores em formação inicial e continuada, não apenas pela abrangência temática, mas também pelas discussões necessárias para o campo educacional e para a educação intercultural e crítica.

ROCHA, C. H. Reflexões e propostas sobre língua estrangeiras no ensino fundamental I: plurilinguismo, multiletramentos e transculturalidade. Campinas, SP: Pontes, 2012.

A obra é resultado da tese de doutoramento da autora, que apresenta discussões extremamente relevantes e necessárias no contexto do ensino fundamental I, contemplando os pressupostos teóricos sobre ensino crítico, pluralidade, letramento, multiculturalismo e transculturalidade. Cláudia Hilsdorf Rocha estabelece um diálogo entre esses conceitos e as teorias bakhtinianas que se voltam para os estudos da linguagem. A autora também oferece uma discussão sobre a organização curricular no contexto investigado e finaliza a obra com uma unidade temática que ilustra todo o trabalho desenvolvido.

TÍLIO, R.; JESUS FERREIRA, A. (Ed.). **Innovations and Challenges in Language Teaching and Materials Development**. Campinas, SP: Pontes, 2017.

A obra reúne artigos produzidos por diferentes pesquisadores brasileiros acerca dos estudos relacionados a materiais e livros didáticos no ensino de línguas, tais como alemão, inglês e espanhol. Entre as temáticas abordadas nas análises, destacam-se o discurso cultural, as identidades sociais de raça e etnia, a classe social, a heteronormatividade e os desafios pedagógicos quanto ao trabalho docente diante desses materiais. É uma obra de interesse para pesquisadores da área de educação e linguística aplicada, mas que também promove reflexões contemporâneas necessárias para acadêmicos e professores atuantes na educação básica, subsidiando análises acerca de tendências educacionais recentes.

EL KADRI, M. S.; SAVIOLLI, V. B.; MOLINARI, A. C. (Org.). **Educação de professores para o contexto bi/multilíngue: perspectivas e práticas**. Campinas, SP: Pontes, 2022.

A obra reúne artigos de diferentes pesquisadores atuantes no curso Formação em Educação Bi/Multilíngue, oferecido pela Fundação de Apoio e Desenvolvimento da Universidade Estadual de Londrina (Fauel) para a formação e certificação de professores bilíngues. Os artigos contemplam discussões contemporâneas sobre a educação bi/plurilíngue, com temáticas que envolvem fatores linguísticos e cognitivos que afetam a aprendizagem de línguas e o desenvolvimento simultâneo da alfabetização em duas línguas. São trabalhados conceitos centrais derivados de abordagens socioculturais, tais como como a interculturalidade, as perspectivas heteroglóssicas, a translinguagem e o andamento (scaffolding), as práticas educativas centradas na decolonização e na justiça social e a legitimação das identidades múltiplas dos estudantes. É uma obra necessária para o contexto em que professores e alunos interessados em educação linguística em línguas estrangeiras se encontram.

respostas

Capítulo 1
Atividades de autoavaliação
1. c
2. e
3. e
4. b
5. c

Capítulo 2
Atividades de autoavaliação
1. b
2. b
3. a
4. b
5. e

Capítulo 3
Atividades de autoavaliação
1. c
2. a

3. a
4. d
5. b

Capítulo 4

Atividades de autoavaliação

1. e
2. b
3. a
4. b
5. b

Capítulo 5

Atividades de autoavaliação

1. e
2. a
3. e
4. d
5. a

Capítulo 6

Atividades de autoavaliação

1. d
2. a
3. e
4. e
5. a

sobre a autora

❡ Katia Bruginski Mulik é doutora em Estudos Linguísticos e Literários pela Universidade de São Paulo (USP), com pesquisa autoetnográfica sobre suas vivências como professora de língua inglesa no contexto do ensino médio. Tem formação em Letras pela Pontifícia Universidade Católica do Paraná (PUCPR) e em Comunicação Institucional pela Universidade Tecnológica Federal do Paraná (UTFPR). Atua como professora efetiva de língua inglesa na educação básica da rede pública estadual e na formação de professores, tanto em cursos de especialização quanto em parcerias voluntárias. É pesquisadora na área de linguística aplicada, tendo como temas de interesse as relações de ensino-aprendizagem, a avaliação, a interculturalidade, os letramentos e a multimodalidade, as políticas educacionais e a formação docente. Na educação a distância, tem experiência em tutoria e na elaboração de materiais didáticos para cursos de graduação em Letras.

Os papéis utilizados neste livro, certificados por instituições ambientais competentes, são recicláveis, provenientes de fontes renováveis e, portanto, um meio **respons**ável e natural de informação e conhecimento.

FSC
www.fsc.org
MISTO
Papel | Apoiando o manejo florestal responsável
FSC® C103535

Impressão: Reproset
Junho/2023